JN096969

（財）海上労働科学研究所の40年

―設立から解散まで―

大橋信夫　編著

は　じ　め　に

　商船で働く船員の労働の研究は、1946 年に日本で初めて文部省所管の財団法人労働科学研究所で開始された。

　本書は、それを契機にして発展した商船や漁船での海上労働における労働科学的研究が 2006 年に終焉を迎えるまでの 60 年間の経緯と状況を記すと共に、これまでほとんど明らかにされてこなかった海上労働科学研究所の設立から解散に至る 40 年間の経緯と状況を顧みることによって学問を発展させる条件、財団法人という民間の学術機関の維持を困難にする条件などを考える一つの材料を世に供しようとするものである。

　財団法人労働科学研究所で生まれた「海上労働科学」が大きな社会的および学問的意義を持つようになり、その活動がさらに広く深くなっていくことが期待されて財団法人海上労働科学研究所が設立された。設立は 1966 年のことであるが、その 1 年後に予想外の財務危機に陥るという厳しい局面に直面した。意に添わぬ退職者を出すなどの経緯を辿りながらなんとかこうした状況を乗り越えて海運業界および漁業界のニーズを受けて海上労働科学に関する調査と研究が熱心な研究者たちによって進められた。その調査と研究は、業界だけでなく行政官庁の期待にも応えられる成果を出していったが、1980 年代に入り、海上輸送に関わる社会技術システムの変化の影響などもあって、海運業界および漁業界は大きな変化のウネリの中に巻きこまれることとなった。その影響を受けて、設立後 40 年を経過した 2006 年に他の財団法人に吸収合併されて海上労働科学研究所は消滅し、学問としての「海上労働科学」を専門に扱う学術研究機関の終焉を迎えるに至った。

　商船で働く船員の労働の研究は、先に記したように 1946 年に日本で初めて文部省所管の財団法人労働科学研究所の西部徹一によって開始された。その後の活発な活動の成果は、新憲法下で労働保護法としての新しい船員法の制定にも活かされた。さらにその後の多くの研究成果は船員の労働と生活の改善に貢献した。酷暑のペルシャ湾航路に従事するタンカーの乗組員居住施設の冷房化の導入はそ

の好例である。調査・研究活動は運輸省、日本船主協会、全日本海員組合など
海運界、船界界の官労使の理解と支援を得て多くの成果を生み出した。そうして
さらなる調査・研究の充実化を図るために、財団法人労働科学研究所の海上労働
研究部を母体として運輸省所管の財団法人海上労働科学研究所が 1966 年に設
立されたのである。

　しかし、設立に際して所管官庁指導の下に作成された収支 5 ヵ年計画にも無い
予想外の事態が 1 年後に生まれ、一気に財務状態が悪化する。その原因は、突
然に事務所移転を余儀なくされ、その結果、年間 7 万円として計上されていた事
務所借料が 70 倍近い 480 万円になるという事態が生じ、しかもこれを補填する
予算がまったく確保されなかったことにある。

　そのため、研究活動が制限されたばかりか、研究所員の待遇が悪化し、当時の
物価上昇が激しい中にあって生活維持すら困難となる者が出てきた。そこで、待
遇改善を求めて労働組合が結成されるという事態へと発展した。事務所借料問題
に端を発した財務状態の悪化に対して、理事会や常任理事会は混乱し適切な解
決策を見出すことが出来なかった。そうした中で「労働組合を作ったような財団法
人は解散させるべきだ」という声すらでてきて、結局希望退職を募る事態となり「混
乱を招いた」2 名の専務理事は 1972 年に退任した。事実上の更迭であった。

　交代した新専務理事によって予算が確保され、海上労働科学研究所がようやく
正常に運営されるようになった。運営が正常化するに従い、海上労働科学研究所
の研究成果に対しても官労使から高い評価を得るようになる。そして、所員の生
活条件もある程度改善されるものとなった。そのため、新しく着任した専務理事
を中興の祖と呼んだ人もいたほどである。しかし、その専務理事も病を得て僅か
3 年余りで逝去してしまった。それから 5 年も経たないうちに、管理部門の機能
が弱体化し財務状況が再び悪化することとなり、所内の雰囲気が少なからず変化
していった。研究職員の大学への移籍、定年退職、自発退職が続き、1967 年に
は 16 名いた研究職員が 2004 年には 4 名にまで減少してしまったのである。

　そうした経緯を経る中で、創立から 40 年後の 2006 年には所管官庁の指導に
より、他の財団法人に吸収合併されることとなった。財団法人海上労働科学研究
所は解散となったため日本における組織的な海上労働の労働科学的研究は終焉を
迎えた。

　本書は先に記したように、1946 年に日本で初めて商船で働く船員の研究が開
始されてから終焉を迎えるまでの 60 年間の経緯と状況を明らかにすることによっ
て、商船や漁船での海上労働における労働科学的研究が辿った歩みを記録に残し

ておくものである。

　ここに書かれていることは、他の資料からの引用文と巻末の年表を除いてはほ
とんどどこにも記録として公にされていないものであることをまず記しておきたい。

　本書の内容は大きくは次の七つからなっている。
　第一は、船員の労働と生活の実態解明に、世界で初めて取り組んだ西部徹一医
学博士を紹介することである。博士は、東京高等商船学校を卒業し、北洋を主な
航路とする近海郵船の貨客船の航海士として乗船勤務した後に、鳥羽商船学校の
教諭を経て東亜研究所に勤務して氷海航法の研究などに従事された。1946 年に
東亜研究所が解散となったことから、その年の 6 月に財団法人労働科学研究所に
入所して研究を開始している。その時 38 歳であった。
　以来、海上労働に関する広範囲の研究を続け、船員法の改正、船員労働安全
衛生規則の制定、ペルシャ湾航路に従事するタンカーの居住区の冷房化など、船
員の労働や生活条件の改善に貢献された。1966 年には、当時の運輸省をはじめ
とする関係各方面の支持を得て財団法人海上労働科学研究所を創立し、専務理
事・所長を務めた。1970 年に退任した後も研究・執筆を続け、1980 年には交
通文化賞を受賞し 1984 年には日本応用心理学会の名誉会員となっている。その
お人柄も含めて紹介している。

　第二は、財団法人海上労働科学研究所の創立の経緯と、創立直後に発生した
全く予期されざる研究所の財務危機と、設立後 5 年を経ずして規模縮小に至るま
での詳細な経緯である。財務危機発生の原因、理事会や常任理事会の内部対立
の様相、低賃金に耐えられなかった職員の労働組合の結成、職員と理事会との対
立、希望退職者の募集、実質的な指名解雇、専務理事の更迭などについて、資
料と共に明らかにしていく。

　第三は、退任した二人の専務理事に代わって就任した新専務理事・所長によっ
て研究活動が再び活性化した経緯についてである。労働科学研究所で海上労働
の研究が始められた戦後間もない頃から、運輸省にあって調査・研究を支援し続
けてきた人が新所長に着任している。その所長が、海運界、船員界の官労使から
揃って寄せられている信頼を背景に、研究職員の研究環境を整え研究所としての
機能を回復させたのである。また就任後の研究所の研究事業を活用して、長年に

4

渉って硬直化していた船員制度に関する見直しをめぐる議論を再開するように関係者に働きかけを行い、国家プロジェクトである船員制度の近代化へのドアーを開けるなどの実績を残している。

　第四は、研究所の終焉を迎える経緯である。中興の祖とでもいうべき名所長が病を得て志半ばで世を去った後、研究所の研究環境は再び貧しくなっていった。研究職員の転出が続き、定年退職もあって研究職員は 4 名にまで減少したのであった。やがて国の法人の見直し政策も影響して、国土交通省所管の他の財団法人に吸収合併されることになり、財団法人海上労働科学研究所は創立後 40 年で解散となってしまったのである。

　第五は、解散に至るまでの資料の保存に関する作業経過である。事務所がいずれも借家であったため所有者の都合、要請による占有面積の減少に対応するためや他財団との合併に当たって資料の保存に関する配慮が十分ではなかった。そのために大量の資料を廃棄せざるを得なかった。そうした中で、少しでも資料を残すために行った努力の記録である。必要な予算が十分ではなかったため、資料の保存に必要な作業のほとんどは手作業だった。

　第六は、他の機関や組織と関連して行った活動に関する事柄である。1978 年までは海上労働科学研究会から発行された西部徹一著の「海上労働科学のあゆみ　―船員学 33 年史―」（非売品）に詳しいが、それ以降は資料がないので村山義夫が担当した活動に限って記した。

　第七は、漁業・水産業に関わる政策とその背景である技術的・構造的変化を漁業経済史的視点から概観し、漁業労働の実態について、労働科学研究所および海上労働科学研究所が実施した労働科学的調査・研究の成果を整理したものである。

　以上がこの本の主たる内容であるが、構成と担当は次のとおりである。
　第一部は上記の第一、第二、第三の内容を中心に、1963 年に運輸省から労働科学研究所に特別研究生として派遣され、海上労働科学研究所の設立に伴って移籍して 1988 年まで在籍した大橋信夫が執筆した。
　第二部は内容の第四、第五、第六を中心とし、1980 年に海上労働科学研究所

に入り 2006 年の解散に至るまで勤務した村山義夫から延べ 10 時間ほど聞いた内容を大橋信夫がまとめたものである。

　第三部は他の機関・組織と関連した活動の一部である村山義夫の活動の記録などをもとに同じく大橋信夫がまとめた。

　第四部は第七の内容を中心に大日本水産会から 1984 年に海上労働科学研究所に入所し、1992 年に水産大学校に移籍した三輪千年が執筆した。

　巻末に付表として関連する年表を掲載した。

　その一の「海上労働科学研究　年表　1946-2006」は「労働の科学」67 巻 5 号および 6 号（2012）に大橋信夫が掲載したもので公益財団法人大原記念労働科学研究所の許可を得て転載した。

　その二は戦後漁業・水産業の動向と労働科学研究・調査テーマを三輪千年が整理したものである。

大橋信夫　記

目　次

第二部
海上労働科学研究所の最後の一人が観察したことと研究資料の保存

第三部
海上労働科学研究所が他機関・組織と関連した活動の一部

第四部
漁業・水産業分野における労働に対する労働科学的研究・調査の小史

第一部
海上労働科学研究所の設立から 40 年後に解散となるまでの経緯

1．はじめに

　1966 年に労働科学研究所（以下、労研と略す）の海上労働研究部を母体として財団法人海上労働科学研究所（以下、海上労研と略す）が設立された。第二次世界大戦後の 1946 年に労研で始められた研究を引き継いで、現場にしっかりと根ざしたさまざまな調査研究を行った。海外からも稀有な存在として注目されていた時期もあったこの研究所はしかし 40 年後の 2006 年度末で解散となった。

　この間に発表された文献などは相当に多いが、明らかにされていないこともまた多くある。例えば初代の研究所長となった西部徹一先生が敗戦後どのようにして海上労働の研究に取り組み始めたか、どのような経過で海上労研が設立されたのか、なぜ設立後わずか 1 年で危機に瀕し、かろうじて立ち直ったものの結局は終焉に至ったのは何故だったのかなどについてはほとんど明らかにされていない。西部先生の経歴や人となり、労研に入所した経緯について記されたものもない。そこでこれらをできるだけ明らかにすることが本稿の目的である。

　私自身もさして詳しいわけではないが、西部先生の著書や直接伺った話および先生から戴いた初期の頃の分厚いファイル、さらに私の手元にある会議記録、私自身の日々の行動記録などの資料を基にして、主としてこれまでに活字になっていない事柄についてエピソードなども交えながら記すこととしたい。海上労研の歴史というよりは外史のようなものである。なお設立されてから 22 年経って 1988 年に私が大学に転出した後のことは既に活字になっているものに頼ったが、それ以上に詳しいことは海上労研に最後まで勤務した村山義夫氏の協力によって知り得たことが第二部および第三部に掲載されている。

2．1946年－1950 年　海上労働に関する調査研究の誕生

2.1　敗戦前の状況
　敗戦前には海上労働に関する組織的、継続的研究は行われていなかったが、そ

の理由を本林富士郎氏は次のように指摘をしている。「海運界は（中略）、その生立ち当初から、育成過程中、常に國の厚い保護の下で育った様である。このためか、資本・経営が先行して、船員の人としての尊嚴を、軽く取り扱った點で、又色々な習慣・慣行が、封建制を根強く持っている點で、我が國産業界の、先端に位するものと思う。（中略）我が國が後進國として立上がった場合（中略）、何事も歐米の模倣時代のことであるから、何の批判もされないで、その様式を、そのまま眞似る努力を拂ったらしい。そして其の後も、一途に経営の工夫・向上に努力が向けられ、内で働く人々の労働條件は、殆んど省みられなかったと思われる。從って、この業界の労働條件は、科學的の鏡に寫されたことはない様である[1]。」

　要するに「船で働く人々」や「蟹工船」などで分かるように、一部の作家の関心の対象であっただけで、実際には過酷であったにも拘わらず為政者にも研究者にも顧みられない労働であったのだ。

2.2 西部徹一先生の労研入所、海上労働研究グループの誕生

　海上労働に関する研究は 38 歳の西部徹一先生が 1946 年に労研に入所したことから始まる。

　1908 年に生まれた西部先生は 1931 年に東京高等商船学校の航海科を卒業した。しかし時は世界大不況の真只中で 37 名の同級生ですぐに就職できたのは僅か 2 名だったという。西部先生も友人と学校の近くに家を借り、当時の逓信省の失業救済事業の一環として支給される 1 日 1 円の給与を受けながら就職活動を続けた。2 年近く経って漸く近海郵船株式会社に就職できて念願の航海士として乗船勤務についた。近海郵船は 1923 年に日本郵船の近海部を分離して創立され、樺太、千島、朝鮮半島、台湾などに貨客船を就航させていた会社である。ところがしばらくして先生は結核にかかり療養生活を余儀なくされ、治癒したものの乗船勤務は無理となり鳥羽商船学校（現鳥羽商船高等専門学校）の教諭となって教壇生活に入った。しかし結核が再発して再度の療養生活を送った後、東亜研究所の研究員となった。ここでは氷海航法、つまり北極海を東西に航行する可能性の研究をしていたと私に話してくれたことがある。「まぁ軍事研究と言われても仕方ないね」と苦笑しながらだったけれど、アジアとヨーロッパを結ぶ経済航路の開発として今日もなお研究されている課題である。もしかしたら近海郵船の航海士として千島や樺太航路で極寒の氷海を航海する経験を持っていたのかもしれない。だが敗戦により東亜研究所は 1946

---

(1) 本林富士郎、海上労働、日本の労働科学、石川知福他編、南山堂、1950

年に解散となり、その所蔵資料と土地資産は財団法人政治経済研究所に継承されたが、西部先生たち所員は失職した。

2.2.1　暉峻義等所長の誤解で入所できた？

　失職した西部先生は 1946 年の 5 月に労研の門を叩き、当時の暉峻義等所長の面接を受けて研究員として入所することができた。所属は当時、農業や林業の労働の研究を担当していた労働技術研究室となった。労研の門を叩くに当たってはどうも労研にも東亜研究所にも関係のあった森戸辰男さんに勧められた気配がある。気配としたのは西部先生もそれらしきことを口にはしたことがあるがはっきりとは言わなかったし、記録も未だ私は目にしていないからである（なお 1976 年に私が桐原賞を受賞した際には当時労研の理事長だった森戸辰男さんから直接賞状を手渡して頂いた。どうもなんらかのご縁があるようである）。

　この面接の際に暉峻所長は大きな誤解をしたらしい。「海上労働の研究をしたいと言って即座にOKとなったが、暉峻さんは漁業労働の研究だと思ってOKしたことが後になって分かったんだよ」と西部先生から聞いたことがある。なんでも「入所して間もない頃に九州のどこかに行って漁業の実態調査をしてこいと言われたんだが“それは私のやりたいことではありません”と答えたんだよ。そうしたら暉峻さんが“お前は船で働く人の研究をやりたいと言ったじゃないか”と怒ってね。あの鋭い目で睨みつけられたよ。でも“えぇ、私は確かにそう言いました。でも漁業ではなくて商船の労働のことです”といったら暉峻さんは黙っちゃってね」と労研に特別研究生として入所して間もない私に笑いながら聞かせてくれた。60 年近くも前の話である。

　この経緯は暫く労研のなかで大いに話題になったようだ。というのは当時、所長の暉峻さんは所員にとっては非常に「こわい」存在で、その指示に従わないなどということは考えられないことだったからだ。その辺の雰囲気は 1946 年 6 月に九州の都城に開設された分室における調査活動の様子をもとに執筆した当時の労研文化部長福田清人著の「花ある処女地」（泰光堂 1952、のち角川文庫）からも感じ取れる。しかし入所して間もない西部先生は未だその辺のことを十分に理解していなかったようで、そのため暉峻所長の指示に従わないという大胆な（無謀な？）ことができたようだ。初心を貫こうとした西部先生もそれを認めた暉峻所長も流石にすごい人たちである。

　こんな経緯があった僅か1月後に西部先生は商船の乗船調査を実施した。戦争でほとんどの船を失った日本にアメリカが貸与した「クレボーン号」（3,805 トン）という貨物船の東京〜大阪間の航海に乗船して調査した。西部先生はそこで「すい

とん」をすすりながら、機雷の浮遊する危険な海で、ラジオさえ無い生活を続けている船員をみて、人間らしく生きる道を拓くための研究に本格的に取り組む決意をしたようだ。この時の調査結果は「海上労働視察状況報告」として「労働と科学」第1巻4号（1946年10月発行）に発表された。また後に刊行された海上労働調査報告第1集（1949年1月発行）に掲載されている。

2.2.2　運輸省の助成と海上労働研究グループの誕生

西部先生はこの乗船調査の報告書を持って運輸省海運総局の労政課長に会い、研究の必要性を指摘すると共に研究助成を要請した。当時運輸省は新しい憲法の制定にともなって船員の労働基準法である船員法の改正に取り組んでいた。戦前の船員法は労働保護法というよりはむしろ取締り法的性格であったため、海の労働基準法を制定するために全面的な改正が必要だったのである。しかし陸上産業の場合は労研に多くの蓄積があったことに対して、船員の労働に関する資料がない中で悩みながら困難な作業を強いられていた。

そのため話は順調に進み、船員法改正に照準を合わせた調査・研究を始めることとなり、海運総局の支援を受けて、そのための研究体制として1947年1月に労研の中に海上労働研究グループが誕生した。生理学の本林富士郎さんが主任となって、衛生学の藤森岳夫さん、心理学の高木貫一さんと樋口伸吾さん、航海士の阿部一さん、それに西部先生がメンバーとなって発足した。暫くして藤森さんに替わって黒江敏治さんが、阿部さんに替わって運輸省航海訓練所練習船の航海士である荒稲蔵さんが嘱託として1948年に加わった。因みに荒さんは26年後の1974年に実験航海を実施した原子力船「むつ」の船長として大変な苦労をした人であり、さらにその13年後の1987年に海上労働科学研究所の五代目の所長となった人であるが、このことについては後に取り上げる。

この研究グループを立ち上げようとしている頃は、対象とする労働をなんと呼ぶかが問題となり、海上労働か船員労働かという議論が交わされ、いろいろな経過の末に海上労働になったと西部先生から聞いたことがある。それほど商船における労働はいわば未知の研究対象だったのである。

このグループが先ず取り組んだものの一つは船員の居住設備と作業環境の改善であった。戦争で壊滅的な損害を受けた日本の海運界に生き残っていた船の大部分は戦争中に粗製濫造された戦時標準船、すなわち戦標船とよばれたもので、船員の居住設備などは極めて劣悪なものであった。アメリカから貸与された船もアメリカの戦標船ではあったが、その1隻であるクレボーン号の乗船調査から、その居住設備は

日本の戦標船に比べて格段の差異があることが明らかとなった[2]。そこで日本の戦標船の居住設備と作業環境の改善を目的に、衛生管理的調査が重ねられさまざまな改善点が指摘された[3]。次いで生活時間、作業時間に関する研究[4]、石炭焚きに従事する機関員の作業に関する研究など[5][6]が行われた。

　この調査に続いて内航船を中心に多くの乗船調査が行われたが、この時代に調査を実施するに当たって最も苦労したのは、調査中に船で食べる自分の食事に必要な米を持参しなければならないことで、それを入手するのが困難だったと西部先生は言っていた。「米なんて家で食う分だってろくに無いじゃないか。調査準備とは米を集めることだったんだよ」という話は、戦後の混乱の中で調査・研究を進めることがどれほど大変だったかということを物語っている。

　労研はこの改正に取り組む審議会にも参加協力し、要望も出した[7]。その結果、労働時間、定員、有給休暇、安全衛生、就業規則などに関する規定が盛り込まれて1947年に新しい船員法が制定された。この改正に労研の果たした役割は高く評価され、労研にならって運輸省に海上労働科学研究所の設立を求める声が関係者の間にあがり始めた。実際に1947年9月には神戸地方船員労働委員会から、運輸大臣および船員中央労働委員会に対して「海上労働研究所設置について」の建議が出された。この時は時期尚早ということとなったが、それから19年後の1966年に海上労働科学研究所が財団法人として設立される萌芽ともいえよう。

　1949年には初の外航船の乗船調査がアンガウル航路の「明海丸」で行われた。6,961重量トンの戦標船で石炭炊きのタービンを主機関としていた。当時は占領軍の海運政策により沿岸航路以外の就航は認められていなかったが、パラオから燐鉱石を輸入するために例外的に認められていたものである。調査目的は主として石炭炊きに従事する機関員の作業環境や栄養摂取実態の把握であった。30日近くにおよぶ一航海の全期間にわたって研究者が乗船して調査することは日本ではもちろん世界的にみても初めてのものであった。

　この調査結果を踏まえて1951年に初のタンカーの乗船調査が行われた。対象となった船は18,192重量トンのペルシャ湾から原油を運ぶ新造船でディーゼルを主

―――――――
(2) 西部徹一、海上労働状況視察報告、労働と科学、1巻、4号、1946
(3) 藤森岳夫、大型汽船に於ける船内環境衛生調査報告、海上労働調査報告、第1集、1949
(4) 西部徹一、船員の生活時間、並びに作業時間に関する調査報告、海上労働調査報告第1集、1949
(5) 西部徹一、汽船における機関員の作業について、海上労働調査報告第1集、1949
(6) 荒稲蔵・西部徹一、機関員の作業改善に関する研究、海上労働調査報告第3集、1950
(7) 西部徹一、船員法の改正に望む、労働と科学、2巻、2号、1947

機関とするタンカー「さんぺどろ丸」である。9月24日に横浜を出港し、10月12日夕刻にバーレン王国のラス・タヌラに着き、直ちに原油を搭載、14日早朝に出港して11月3日に横浜に帰港するまでの41日間であった。調査内容は、居住環境、栄養、疲労など幅広く行われ、酷暑航路の船員労働の実態が明らかとなった[8][9]。

 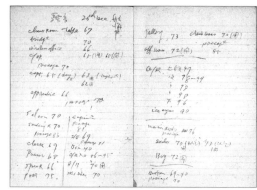

西部先生が1951年に実施した神戸－横浜間の明石山丸の乗船調査ノート。
左は表紙、右は騒音の測定記録

　そんな苦労を重ねながら発表したこれらの調査・研究報告の内容は直ぐに現場に活かされた。その理由を西部先生は「労研における過去の調査研究活動の中で開発されてきた研究のテクニックが、一挙に海上労働の分野に導入され、その成果が運輸省の船員労働行政面、船主の労務管理面、全日本海員組合の労働運動の面等に利用される手はじめとなった。当時の海運は占領下で一元管理されていたこと、再建された全日本海員組合が日本ではめずらしい産別の統一組織であったことなどが、労働科学の導入に有利に作用した」[10]と後に記している。

　西部先生はこのように指摘しているが、こうした要因の他に西部先生の官界や海運界における東京高等商船学校の同級生や先輩後輩らを中心とした個人的な人脈による支援が大きく作用したと私は考えている。

　例えば海運総局教育課の海務官だった同級生の渡邊俊道さんは早くから西部先

(8) 篠原隆政、バーレン航路におけるタンカーの居住環境について、海上労働調査報告第5集、1952
(9) 黒江敏治、バーレン航路におけるタンカー乗員の疲労と栄養について、海上労働調報告第5集、1952
(10) 西部徹一、海上労働科学のあゆみ、海上労働科学研究会、1980

生の調査に協力をしていた。先に記した乗船調査報告書を労政課長に見せるにあたっては渡邊さんが根回しをしたものだったし、海上労働の研究を労研に委託するのに必要な研究費を予算化できたのもそうであった。

　また優秀な航海士を研究グループに加えたいと言う西部先生の希望に沿って荒稲蔵さんを送りだす上でも、それを契機に労研と運輸省航海訓練所との相互協力体制を築き維持する上で渡邊さんが果たした役割は大きかった。後に設立された海上労働科学研究所の財務状況の危機を契機に退任を余儀なくされた西部先生の後任の

表1　運輸省関係研究費援助助成の推移（昭和21年度から昭和37年度まで）

年度（昭和）	運輸省船員局	運輸省人事課	運輸省海運局	運輸省試験研究補助	航海訓練所	海上保安庁	船員中央労働委員会	小計
21	¥5,000							¥5,000
22	100,000							100,000
23	100,000							100,000
24	100,000						200,000	300,000
25						150,000		159,000
26	100,000			500,000		235,000		835,000
27				300,000				300,000
28				300,000	200,000			500,000
29	1,545,000			150,000	120,000			1,815,000
30	760,000	230,000	1,400,000		200,000			2,590,000
31	760,000		1,000,000		250,000			2,010,000
32	608,000				250,000			858,000
33				300,000	200,000			500,000
34	500,000		500,000		300,000			800,000
35	485,000		485,000		132,000			617,000
36	485,000		485,000					485,000
37	470,000		470,000					470,000

　この表1および後に示す表2は西部先生の手書きの資料に基づいて作成した。

18

所長となり、研究所の危機的状況を脱出させたのも渡邊さんである。

　因みに渡邊さんは、先に記した卒業と同時に就職できた僅か二人の西部先生の同級生の一人で、首席で卒業して練習船の大成丸の教官になった人で、学生時代から同級生のまとめ役だったと言われている。後に東京高等商船学校の教授を経て運輸省海務官になり、西部先生を応援する運輸省、海運会社、日本船主協会、海員組合などの関係者をまとめて大きな力にしたことは見逃してはならない。

　なお運輸省の船員局から得た助成について、西部先生から私が戴いたファイルには、最初の 1946 年度は 5,000 円、1947 年度からは 100,000 円となり、1951 年度にはこの他に運輸省試験研究補助として 500,000 円が助成されたとの記載がある。作表すると表1の通りで運輸省が常に援助・助成を続けてきたことが良く分かる。

2.2.3　海上労働調査報告の刊行、海上労働科学研究会の発足

　さまざまな調査や研究はこうした運輸省の積極的な助成によって実施できたのである。調査や研究の結果は「海上労働調査報告」として印刷・発表されたが、その第 1 集は 1949 年 3 月に運輸省海運総局の名前で出され、第 2 集からは船員局名となり 1955 年 11 月に出された第 6 集まで続いた。

　運輸省の助成はその後も続いているが、海上労働調査報告は 1957 年 2 月の第 7 集からは労働科学研究所名となっている。

　これは時期的には少し後のことであるが、関連しているのでここに記しておきたい。発行所名が変わったのは 1955 年に海上労働科学研究会が発足したことによるものである。すなわち船員局から出る海上労働調査報告だけでは、その成果が一般に周

海上労働調査報告第一集の奥付
（表紙は紛失）

海上労働調査報告第二集の表紙と奥付

知されず、利用もされにくいので、なんとかPRの方法をという意見が盛んになった結果誕生したものだった。運輸省船員局、日本船主協会、全日本海員組合、大日本水産会、労働科学研究所が構成メンバーになった運営委員会で運営していくことになったもので、経費は船員福利厚生協会が負担した。事業としては年に5回の研究会の開催とその報告書の頒布および年に1回の資料の頒布が主なものである。この年に頒布された資料が「海上労働科学研究会資料」であり、1957年2月に発行された海上労働調査報告第7集が海上労働科学研究会資料第1号と併記されている。

　また研究会は1956年4月10日に第1回が開催され、西部先生が「海上労働科学の問題点について」を、桐原葆見先生が「従業員教育と人間関係について」を講演し、同じ年にその内容を記載した海上労働科学研究会報第1号が発行された。1979年7月には第100回を記念して西部先生が「海上労働科学のあゆみ」と題して講演し、記念号の他に海上労働科学研究会抄録集も頒布された。この次の第101回では東京からハンブルクまで1月間にわたって乗船した際に観察したことに基づいて「西ドイツのコンテナー船にける乗組員とその労働と生活について」と題して1979年の9月に私が報告している。

　なお海上労働科学研究会資料は2006年3月に発行された第50号が最終号となった。また1972年3月に発行された第16号から海上労働調査報告という名の併記が消えた。

　一方、海上労科学研究会報は1996年の第160号が最終号となった。

2.2.4　研究費の獲得状況

　日本船主協会、全日本海員組合、船社などからの委託研究を含む全研究費は次頁の表2のとおりである。

　因みにこの表の基となった先生のメモの一部を示すと次の通りで、先生の几帳面な側面を垣間見ることができる。

昭和21年度から24年度まで　　　　　　　　昭和37年度分

表2　全研究費援助助成の推移（昭和21年度から昭和37年度まで）

年度 (昭和)	運輸省関係	船主団体・組合	船社	諸団体	記念事業	維持会	合計
21	¥5,000						¥5,000
22	100,000						100,000
23	100,000	780,000					880,000
24	300,000	1,100,000					1,400,000
25	159,000	1,000,000	45,000	103,000			1,307,000
26	835,000	1,500,000		625,000			2,960,000
27	300,000	1,500,000		336,000			2,136,000
28	500,000	600,000		315,000			1,415,000
29	1,815,000	300,000		405,000			2,520,000
30	2,590,000	900,000				210,000	3,700,000
31	2,010,000	800,000	300,000			210,000	3,320,000
32	858,000	1,300,000				480,000	2,638,000
33	500,000	1,300,000	200,000	1,030,000		480,000	3,510,000
34	800,000	1,500,000	200,000	450,000		480,000	3,430,000
35	617,000	1,300,000	400,000	1,000,000	900,000	480,000	4,697,000
36	485,000	1,300,000	910,000	1,000,000		480,000	4,175,000
37	470,000	1,300,000	2,400,000	1,209,000		770,000	6,149,000

3. 1951年－1964年　海上労働研究室の誕生、やがて海上労働研究部に

3.1　海上労働研究室の誕生

　1951年に労研の組織が変更されて労働技術研究室は農業労働研究室、建築環境研究室、および海上労働研究室の三研究室となった。西部先生は海上労働研究室の主任研究員となり、室員は以前より航海訓練所から派遣されていた航海士で嘱託の荒稲蔵さん、新しく大阪商船株式会社から派遣された機関士で研究生の斎藤博隆さん、それに同じく研究生の荒央江さんだった。また必要に応じて生理、衛生、栄養、心理などの他の研究室が広くこのメンバーに参加協力する方式となった。

　なおこの組織変更は西部先生にとっては非常に嬉しいことだったが、必ずしも労研全体から歓迎されたわけでもなかったらしく「部屋に掲げた海上労働研究室とい

う看板がよく無くなってね。でもその度に新しいのを掲げたらそのうちに向こうが諦めたよ」と西部先生から聞いたことがある。なんでも「船員（出身者）が研究なんてできるのかよ」と考える人がいたらしい。しかしほとんどの人は海上労働の研究に気持ち良く協力したようだ。その辺の事情について荒さんから「みんな親切でね、こっちの両手をしっかりと握ってね、振り回すようにして引っ張ってくれたんだよ。どんなになっても離すようなことは絶対にしなかった。あれは有難かったね」と私は聞いたことがある。

　因みにこの頃の荒さんや斎藤さんたちは、夕方になるといったん仕事をやめて近くの祖師ヶ谷大蔵駅周辺の安い居酒屋で夕食を兼ねて一杯飲んでからまた研究室に戻って深夜まで仕事を続けていたようである。斎藤さんが「荒稲蔵さんの姿が見当たらず、アラ、イネーゾーって時は飲み屋に行けばすぐ見つかった」と何度も聞かせてくれたので、きっと本当にそうだったのだろう。先に紹介した「機関員の作業改善に関する研究報告」[6]という素晴らしい報告はそんな雰囲気のなかで荒さんが主として執筆したものである。

　西部先生自身は1951年から船員の疾病・災害に関する調査・研究を精力的に展開し、その最初の報告は海上労働調査報告第6集[11]に掲載されている。その後の研究結果も含めて1960年に「船員の労働と傷病に関する研究」という論文を神戸医科大学に提出して船員出身者として初の医学博士となった。

　また1961年には労働科学叢書XVIとして「日本の船員　－労働と生活－」[12]を出版した。これは1946年に戦標船の環境調査に手をつけて以来展開されてきた船員の労働と生活に関する海上労働研究室の研究の成果をまとめたもので、船員に関してはもちろん、ある特定の職業に関してこれほど以下に示すような広い範囲にわたって明らかにして纏めたものとしては初めてのものであった。構成は第1章：日本の船、第2章：日本の船員、第3章：船内の居住環境と生活環境、第4章：船員の生活時間、第5章：船員の資質、第6章：船の栄養、第7章：船員の心理特性と人間関係、第8章：船員の疾病と災害、第9章：技術革新と船員の労働となっている。

3.2　IE的研究の開始と三社労務研究会の発足
　1950年代後半になると海運産業は、船舶の専用船化、巨大化、自動化など技術

(6) 荒稲蔵・西部徹一、機関員の作業改善に関する研究、海上労働調査報告第3集、1950
(11) 西部徹一、船員の疾病と災害、海上労働調査報告第6集、1955
(12) 西部徹一、日本の船員－労働と生活－　労働科学叢書16、労働科学研究所、1961

革新の導入を目指すようになっていった。

1956 年には小石泰道さんが加わって、新しい領域の研究が開始された。こうした技術革新と呼ばれたものが進展するなかで、船舶の運航システムと船内労働の再編成に備えてまずは現状の労働の実態を包括的に把握しようとする研究である。小石さんがリーダーとなってまずは 1961 年にニューヨーク航路の雑貨船である箱根山丸の乗船調査を行い、その結果に基づいて船内における職能、業務の体系的分類と用語の統一を行った。(13) これは画期的な業績で、船内で実施される全ての具体的作業を体系的に分類したことによって、在来船同士の航路別の比較や会社別の比較、さらに後には在来船と自動化船の比較も可能となった。研究手法は、それまでの医学的心理学的アプローチに作業研究や生産管理などの IE 的手法を加えた新しいものだった。

さらに 1962 年 7 月には当時の大手海運三社である日本郵船、大阪商船、三井船舶から派遣された 6 名のベテランの航海士と機関士とからなる三社労務研究会と呼ばれた調査研究グループが発足し、小石さんの指導の下に箱根山丸における調査結果を活用し、これらの人たちが持っている海上労働に関する固有技術を踏まえた作業分析や職務分析が精力的に進められた。経費は三社が負担したので調査機材など必要なものは全て購入できた。目的は先ずは現状を科学的に把握し、その上でさまざまな技術革新を導入した高経済船の船内労働をデザインすることだった。海運界で船内労働の再編成が大きな問題となっている時期で、このグループは本当に熱心にニューヨーク航路の雑貨在来船(14)（1962.12.-1963.3. ありぞな丸）、ニューヨーク航路の自動化雑貨船(15)（1963.2.-1963.4. 春日山丸）、欧州航路在来雑貨船(16)（1963.8.-1963.12. 静岡丸）において乗船調査を実施した。入手した一次データの詳細な分析を物静かにコツコツと続ける一方で、時には白熱した議論を行って報告書を執筆していた。なお春日山丸の調査に当った心理学研究室の研究員である京都大学出身の森清善行さんは後に神戸大学名誉教授となった。

海上労働研究室ではこのグループに加えて航海訓練所から派遣された 2 名のベテラン航海士が操船技術構造の研究にこれまた熱心に取り組んでいた。それは 1958 年に設立された日本海難防止協会からの委託研究だった。

---

(13) 小石泰道他、船内における職能、業務の体系的分類と用語の統一、労研、1962
(14) 船内労働実態調査、ありぞな丸、船内労働の技術的構造、労研、1963
(15) 船内労働実態調査、春日山丸、労研、1963
(16) 船内労働実態調査、静岡丸、労研、1964

研究室の西部徹一先生（1963年当時）

運輸省航海訓練所から派遣されて、機関士の私が海上労働研究室の一員になったのはまさにこの時期の1963年のことで、研究について右も左も分らない私だったが、研究室の熱い雰囲気のなかに身を置くことができたのは本当に幸せなことだった。また研究室のメンバーだけではなく他の研究室の人たちも親切で、特に心理学研究部の皆さんは私の両手をしっかりと握って、つまりこっちを向きながら引き回してくれた。それはかつて荒稲蔵さんが経験したことと同じだっただろう。

　なお意欲的に研究を進めていた三社労務研究会は、残念なことに海運会社の大合併のために1964年3月に解散となった。

3.3　研究室の様子、配置、西瓜、バーベキュー

　研究室は北館の2階で階段を上がって左側に曲がった先にある6部屋を使っていた。南側の一番奥から西部室、事務室、航海訓練所からの派遣員室、廊下を挟んで北側の奥から小石室、三社室、資料室が並んでいてドアはどれも開けたままだった。

　西部先生が室員に何か用事があると「だれだれ君！」と大声で呼んだ。このだれだれ君の前には必ず「おーい」がひときわ大きく響いたので、仮に居眠りしていても聞き漏らしはしなかった。すぐ向いの部屋にいる小石さんを呼ぶときもそうだった。

バーベキュー、1963年秋、ジャンパー姿が西部先生
左側の写真で右から岩崎繁野さん、小石泰道さん、祖父江義行さん、浦山一郎さん（日本郵船機関士）、先生、師岡洋一さん（航海訓練所航海士）、美浦匡彦さん（日本郵船航海士）、奥様、寺澤郁子さん（庶務担当、先生の姪）、神田道子さん

　事務室は比較的広く、何人かの集計補助に当る人がリヒトのパンチカードを広げて集計できる大きな机も置かれていた。ここでは夏になると先生が大好きな西瓜を誰かに買ってこさせて、種を吐き出すバケツをみんなで立って囲んで楽しんだりもした。「西瓜はな、種を吐き出しながら食うのがうまいんだよ」と先生が豪快にバケツを利用するのでみんなも倣ったものである。これは実は日頃苦労している室員を労い、それぞれの部屋に籠っているみんなをまとめるための先生の配慮だった。そんな配慮は西瓜などに限ったものではなく、研究所から歩いて10分ほどの先生のご自宅の庭で開かれる春秋のバーベキュー大会もあった。用意して下さるご家族はきっと大変だったことだろう。

　なお少し後の1965年に漁業労働研究室が併設されて海上労働研究部となった。研究室には同じ建物の階段を上がった先の西側にある広い部屋が当てられ、それを機に私はその向かいの東側にある小さな部屋に移動した。同じフロアーではあるが直角に曲がった先なので、西部先生の「おーい！」が聞こえなくなって電話になったのは淋しいことだった。その替わりというわけではないが、隣が所長を辞された暉峻義等先生の部屋だったので時折、先生が「これを読みなさい」と英語やドイツ語の論文を持ってきて下さるという恐ろしい体験をすることになるがそれは別に詳しくある[17]のでここでは割愛する。

バケツを囲むこともある事務室
前列右から小石泰道さん、西部先生、私、後列右から広田弥生さん、服部昭さん、
寺沢郁子さん、神田道子さん、岩崎繁野さん、山口理子さん

(17) 大橋信夫、私と労働科学、"鈍""根""運"、労働の科学　63巻、8・9号、2008

4．1964年－1966年　海上労研の設立

4.1　設立へ向けた努力、設立趣意書に籠められた思い

4.1.1　労研斎藤一所長の設立要望書、設立趣意書

　1960 年代に入り、海運会社の大合併が行われるなど海運産業の活動も海上労働の様相も大きく変容していた。そうした中で、海上労働に関する総合的かつ強力な調査研究の必要性が関係者の間で盛り上がってきた[18]。

　それは海運関連の官労使が、労研におけるさまざまな海上労働に関する研究成果を活用してきたことの反映でもあった。かねてより研究所の設立をめざしていた西部先生に協力して、当時の労研の斉藤一所長から運輸省海運局長、船員局長、日本海事財団会長、日本海運振興会会長、その他関係機関宛てに出された設立要望書の中には、設立の必要性が次のように記されている。日付は昭和 40 年 4 月 15 日となっている。

　「最近における海上労働の情勢をみまするに、技術革新の急激な進展に伴い、労働の態様にいちじるしい変化をもたらしつゝあります。（中略）当労働科学研究所における、海上労働科学研究部におきましては、過去 20 年間にわたり、各方面の手厚いご援助により、研究活動をつづけ、いささか貢献するところがあったかと存じますが、激動する技術革新の時代を迎えましては、産業に密着した応用研究の研究組織の強化拡大なくしては、今後のご要望にこたえることが困難な情勢に立ち至ったものと存じます。

　しかるに、当研究所の機構の下では、海上部門のみを拡大することは困難な情勢にあります。また従来の研究の経過をみまするに、少数の研究者を中心に、幅広い分野にとり組んでまいりましたが、研究の進展につれ、それぞれの分野の専門研究者を育成組織することなくしては、今後の研究の成果が期せられない段階に到達したものと存ぜられます。以上の実情と研究発展の意義とを御理解下され、海上産業振興のため、独立の研究機関設立のための絶大なご援助をたまわりたく御願い申し上げます。

　なお、新研究所の活動につきましては、当労働科学研究所といたしましても、基礎的分野において十分協力いたす所存でございます。」[19]

---

(18) 新時代の海上労働研究へ、「海上労働科学研究所」設立の構想すすむ、海上の友、492 号、海事広報協会、1964

(19) 斉藤一、海上労働科学研究所仮称設立要望書、1964

　また私の手元には設立趣意書である「海上労働研究機関設立について」と題した資料がある。文章にこなれていない表現があるので、最終の趣意書ではなく、この後に若干の字句が修正されて正式のものになった可能性もあるが、それでも他の資料と照合しても大きな差異はないし、このような資料はもう他に無いとも考えられるので長いが原文通り紹介することとしたい。

設立趣意書

I　設立の目的

　海上労働の科学的な管理方法について研究し、労働災害疾病を防止し、労働力の確保と保全をはかり、運航の安全と労働の生産性の向上に資するを目的とする。

II　設立の趣旨

　昭和21年運輸省では船員法の改正に当って船員労働に関する調査研究の必要性が痛感され、22年から労働科学研究所にその研究の一部が委託されることになり、海上労働を科学的に研究することが始められた。ところがその後のインフレその他経済社会上の問題で研究が困難となったが、関係団体からの援助もあって研究が発展継続され、その成果は大いに海運の発展に寄与してきた（別紙1参照）。（注：本稿では別紙は省略した）

　しかし近年の海上労働情勢は、海運再建方策の樹立と技術革新の進展に伴ない新しい局面を展開しつつあり、海運産業の近代化にともなって解決が急がれる重要課題が余りにも多い現状である。

　一方水産港湾産業においても同様に近代化という難問題に直面している。

　健全な海運水産港湾産業の発展のためには、今後の施策の根本となる客観的な観察と指針を示す研究成果がどうしても必要である。

　現在特に設立を必要とする理由をあげれば

（1）経営の合理化にともなう船舶の自動化、機械化がすすむにつれて、船員の職能に大きな変化がもたらされつつある。

　　そのためには船内における諸作業を技術的な構造の面から、職能、組織、仕事の手つづき等の立体的な構造としてとらえ、仕事の質と量、乗組員の職能分担と稼働の再編成を如何にするかについて、管理技術的な面から検討を加える必要がある。

　　同様に港湾ならびに船内荷役設備の近代化、漁撈設備の近代化にともなう就労体制の変化についても、管理技術の面からの検討が必要である。

（2）科学技術の進展にともなって、従来忘れられていた人間と機械との関係を合理

化するための人間工学的検討の必要が叫ばれている。

　船舶、荷役設備についても、最近の陸上企業の高度な生産性向上にともなって、船舶の安全運航、荷役能率を飛躍的に向上させる必要に迫られているが、取り扱う人間が安全かつ容易に操作できるように、機械や装置を合理的に設計することが船舶工学の面から強い要請となっている。

　そのためには、人間のもつ基本的な特性や法則性、すなわち感覚能力、筋力、知的能力、技能、身体各部の寸法、環境条件の人間に及ぼす影響、集団活動に対する適応能力などについての研究を基礎として、機械設備の人間工学的検討が必要である。

（3）船舶の増加および海上交通のふくそう化により海上の事故は年々増加しているが、陸運航空も含めて人命尊重の立場から抜本的対策を求める声が強い。

　なかでも、38年度の小型鋼船の保有隻数に対する海難発生率は13％であり、小型鋼船以外の汽船の発生率6％に比べて倍以上となっている。漁船においても同様高い発生率である。その海難隻数中全損隻数の比率は、機帆船で31％、漁船23％、汽船17％となって海難発生による損害は莫大である。

　海難の原因の中には、気象条件、運航技術上の条件、船体機器類の技術的条件、船員の生活条件など人的物的条件が複雑にからみあっている。従来は運航技術上の過誤に由来する原因の探求が主としてなされてきたが、今後管理上の原因、心理的原因、生理的原因の科学的調査研究もあわせて進めなければ海難防止の成果はあがらない。

（4）海上労働における災害疾病の発生率は極めて高い。

　35年度における傷病率は、1,000人当り157人であり、災害による死亡率は、1,000人当り3.5人である。陸上製造業のそれぞれ5.4人、0.31人と比較すればもちろんのこと、陸上産業の最高である鉱業と比較してみても災害率ではほぼ同様であり、死亡率では2倍以上の高率となっている。特に近年技術革新の進展にともなって災害疾病に特殊な変化が認められ、早期に対策を考える必要がある。

　このような高い労働災害の発生を防止することは、船員の保護の面からはもちろんのこと、労働力損失の防止、労働能率の向上の面からも放置できない問題である。このことは産業災害防止対策審議会の答申による「新災害防止5ヶ年計画」の一環としても、特に重点計画の必要があるわけである。

　船員の労働災害を防止するためには、船内作業における危険防止と船内衛生の保持について基準を定めた船員労働安全衛生規則の制定があるが、その趣旨を徹底させ実施するために安全衛生に関する積極的な調査研究と指導が必要であ

り、強力な施策とともに従来手薄であったその施策の基本となる調査研究機構の拡充も並行して大切である。

このことは、また、特に災害率の高い港湾荷役作業についてもいえることである。

(5) 海上労働の特殊性に相応した労働条件の科学的検討の改善は、企業活動を活発にするために必要であり、また長期的にみれば海上産業の維持発展にとって不可欠である。

同じ海上産業にあっても、大企業と中小企業、大型船と小型船の労働条件には大きな格差があり、大型船に比べて著しく悪い機帆船、漁船などの労働条件、労働環境の改善は、労働力の保全確保という面からみても正に緊急時といわなければならない。このことが小型船、漁船に海難が多発する原因ともなっている。

(6) 港湾については、わが国経済の高度成長ならびに技術革新にともない、港湾の利用も急速に拡大し、港湾施設の近代化と整備拡充が遅れていることによる滞船滞貨現象が著しいことが大きな問題となっている。

さらに一般の労働力の逼迫とともに港湾労働者の確保が非常に困難な状態である。これらの労働力の確保に対処するため港湾労働力等対策審議会が総理府に設置され、その答申で「港湾の近代的秩序を確立し、労働者の雇用の安定と事業の適正化をはかるため、この際抜本的な対策を講ずべきである」と強調され、その具体的施策が示された。

以上のような港湾事情では、海運企業の集約化による海運再建方策や、技術革新による船舶運航技術の合理化が進んでも、港湾において慢性的滞船現象を生じる状態では真の海運合理化は望めない。すなわち海運と港湾を一つの流れとみることによって満足できる施策が実現できるのであり、従来の海上労働の研究にさらに関係の深い港湾労働の近代化のための研究をすすめる必要がある。

(7) 近年の労働市場において労働力の不足が大きな問題となっている。海上労働力の需給問題は他の陸上産業との関連において十分研究を要する。

また資質、年齢等の面から考えてバランスのとれた労働力の構成を保つことも重要な問題となっている。

特に小型鋼船、漁船においては、港湾労働力と同様需給のみとおしに困難性をはらんでいる。平均余命の延長、若い労働力の不足、船員志望者港湾労働者の減少と質的低下などを考え合わせると、一層の計画性が望まれる。

広報活動による需給対策と並行して、市場調査も強力に進める必要がある。

Ⅲ　名称と性格

　　財団法人　海上労働科学研究所

Ⅳ　組織

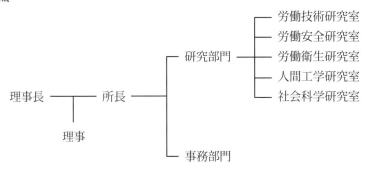

Ⅴ　研究室業務内容
・労働技術研究室
　1) 技術革新にともなう技術的構造の合理化と作業の標準化に関する研究
　2) 操船技術構造と訓練方式に関する研究
　3) 海難の人的要因に関する研究
　4) 諸設備の人間工学的機能に関する研究
　5) 就労体制と労働力の再生産に関する研究
・労働安全研究室
　1) 作業の安全確保に関する研究
　2) 安全適性に関する研究
　3) 技術の習熟過程に関する研究
　4) 看視作業の心理的、生理的負荷に関する研究
　5) 人間関係とモラールならびに安全に関する研究
・労働衛生研究室
　1) 作業と生活環境の衛生学的研究
　2) 疾病災害の事例研究と防止に関する研究
　3) 有害貨物等の取扱における衛生学的研究
　4) 食品衛生、栄養管理に関する研究
・人間工学研究室
　1) 作業域ならびに動作と適正空間に関する研究
　2) 制御室、諸計器の配置構造機能に関する人間工学的研究
　3) 航路標識、救命設備の人間工学的研究
　4) 色彩調節と安全標識に関する人間工学的研究
　5) 諸設備のシステムデザインに関する研究

　6) 船舶の居住性能に関する研究
・社会科学研究室
　1) 労働市場と労働力の需給に関する研究
　2) 労働力の構成に関する研究
　3) 福利厚生とレクリエーションに関する研究
　4) 労働者家族に関する研究
　5) 災害補償に関する研究

　この趣意書には西部先生の問題意識が全て盛りこまれている。航海士として、また船員教育の現場での経験も反映しているように思われる内容である。

　設立の趣意には官労使とも概ね賛同していたが資金の調達の調整に時間がかかった。資金を求めて関係者の理解と応援を求めて東奔西走する西部先生の足となって、先生が「どん亀」と呼んだ私のオンボロのルノーで走り廻ったことが何度もあった。先生が郷里の岐阜から松茸を大量に取り寄せて各界の有力な関係者の自宅に届けるような努力までなさっていることも運転手を務めていたお陰で知ったことである。そんな車の中で「大橋君ね、大体みんな分かってくれているんだが、Aさんがどうしても首を縦にふってくれないんだよ」と辛そうに口にしたり「今は船員行政には全く関係のないポストにいるBさんが動いてくれてることが分ってね。有難いことだ」と嬉しそうに話してくれたりした。そんな話から設立に関わる様子が若造の私にも垣間見えた。

　そうした先生の努力が実って運輸省が所管となる研究所として設立することも概ね決まり設立時期や財団としての基本財産額案さらに初年度の予算案までできたが、資金の調達と研究能力への不安を理由に設立に賛成しない一部の意見は根強く、これには運輸省も慎重にならざるを得なかった。

　先に紹介した労研の斎藤所長の設立要望書の真の目的は、最後の「労研は引き続き基礎的分野において十分に協力する」という労研の姿勢を示して、この研究能力への不安を解消しようとしたものだったのではないかとも、その時期から考えられる。

　しかしこの研究能力への懸念は設立後半年後に決まった研究所の英文名にも影響した。西部先生は労研と同じように Institute for Science of Maritime Labor としたかったのであるが、決まったのは Maritime Labor Research Institute であった。できることは研究 (study) ではなく、調査 (research) 程度だろうという設立に関わった一部の人の考えが影響した。10 数年前に西部先生が掲げた海上労働研究室の看板が外されることが続いたことは既に記したが、それと同じ「船員に研究なんかで

きるのか」が理由である。西部先生は「どうしてもCさんが認めてくれないんだ。でも名前で拘っているわけにもいかないから呑んだよ」悔しそうに話してくれたことがある。先生はどこまでも「海上労働科学」を目指したかったのである。

　しかし日本語名の海上労働科学研究所の方も実は関係者の間で十分に理解されていたわけではなかった。先生や多くの所員たちが「海上労働科学の研究所」と考えるのに対して「海上労働の科学研究所」と受け止めている向きもあったのである。何でもないようなことにも見えるが実は後に研究テーマの選択や予算を獲得する上で困難を招くことになる。

　結局、予定よりも2年遅れた1966年5月に運輸省の所管として設立することで関係者の合意が得られた。1966年5月25日の夜に、「設立が決まったよ。基本財産は最終3億だ！」と先生がご自宅でことのほか嬉しそうに話して下さったことが私の記録にある。そのほぼ1月後の7月1日に、決定に関与した重要な関係機関・組織のトップ6人のお宅に何かを届ける西部先生の足となって70km走った記録があるが、これは多分設立が決定したことへのお礼の挨拶回りだったのだろう。

　この基本財産は初年度の41年度（1966）が4,000万円で、次年度の42（1967）年度に6,000万円が加わり、44（1969）年度に総額の3億円になるように計画されていた。またこの他に、日本海運振興会から運営費の助成金として総額3,600万円、研究機器購入のための費用として日本船舶振興会から総額5,300万円が助成される計画となっていた。また海運会社を主力として維持会も強化拡充される予定となっていた。

　しかし設立が予定より2年遅れ、しかし収支計画は2年前のものだったことは後に重大な影響をもたらし、6年を待たずに縮小される原因となるがそれは後に記す。

　なお、設立に向けた準備の一つとして、1966年には「海上労働科学文献抄録集」が研究開始20周年記念として労研から発行された。

4.1.2　設立発起人総会と寄付行為の承認

　1966年8月22日に設立発起人総会が東京ヒルトンホテルで開催され、ここに至るまでの経過報告ののち、寄付行為の承認、役員選出、事業計画および収支予算書の承認などが進められた。出席者は議事録では、設立発起人として岡田俊雄（大阪商船三井船舶会長）、岩田直栄（日本パイロット協会会長）、児玉忠康（日本船主協会会長）、笹川良一（日本船舶振興会会長）、中地熊造（全日本海員組合組合長）、福原慶次（日本海事財団会長）、米田冨士雄（日本海運振興会会長）　以上7名、その他として青山三郎（大阪商船三井船舶常務取締役）、下田行夫（東神運輸取締役）、西部徹一（労働科学研究所研究部長）亀山海運局長、河毛船員局長、高橋労政課長　以上6名と記載されている。

（注：寄付行為とは現在の定款のこと）

　寄付行為の目的を定めた第3条には「この法人は、海上産業の発展と船員の福祉の向上に寄与するため、海上労働に関する科学技術の総合的調査研究を行い、海上労働力の保全と労働災害ならびに海難の防止に資することを目的とする」と記された。さらに事業を定めた第4条では次のように記された。

　「この法人は、前条の目的を達成するために、次の事業を行う。
　（1）海上労働に関する労働科学的研究
　（2）海上労働の管理に関する調査、相談
　（3）海上労働の管理に関する教育、訓練
　（4）海上労働に関する文献資料の蒐集、整理および配布
　（5）研究調査報告書の刊行および研究会、講演会等の開催
　（6）その他、この法人の目的を達成するに必要な事業」

4.1.3　引っ越し、使用済段ボールの収集、ブラインドの洗浄

　こうして1966年9月1日に設立と決まった。場所は当時目白にあった運輸省の船舶技術研究所が三鷹への移転を進めている時期で、その敷地内の使用されていない建物だった。取り壊しが予定されていた古い木造の平屋の一部、50坪を借用したのである。9月に入って直ぐに何日かにわたって、研究室のメンバーに後の採用が内定している者も加わってこの汚れ切った建物の大掃除に当った。窓のブラインド

には厚く埃が積もっていて、取り外して1枚1枚、水を流しながらデッキブラシでこすっても簡単には落ちなかった。でも設立が嬉しくてみんなわいわい笑いながら続けたものだった。

また引っ越しに備えて海上労働研究室のメンバーは引っ越し準備に大忙しだった。祖師谷大蔵駅周辺の商店街を何日も回って歩き、空いたダンボールをもらい受けリヤカーに積んで研究室に貯めこんだりもした。引っ越しに必要な予算が実はほとんど無かったからである。集めたダンボールに付着して色が変わっているキャベツなどを除去する作業を研究室でやったのだ。バケツを囲んで西瓜を食べたあの部屋で。

もちろん関連書類作成やそのための資料作成にもずいぶん時間を費やしたものである。

9月6日に私は運輸省航海訓練所の教授会で退職の挨拶をした。みんなが拍手で送りだしてくれたのは嬉しかった。翌日は同期生たちと飲み会！　9月17日は土曜日だったので労研が午後からビアパーティーを開いて祝ってくれた。

9月19日は午前中にずいぶんきれいになったこの建物に総務部門を除く研究スタッフの総員が顔を合わせた。開所式みたいなものだが西部先生からの簡単な挨拶があっただけで終了。午後は労研に戻って最後の荷造りに当った。

翌日の9月20日に6トン車と2トン車各1台にダンボールなどを積み、4人が乗車して目白に運んだ。精密機材など多少の機材は私のオンボロのルノー、西部先生が呼ぶところの「どん亀」で運んだ。

9月21日の午前は労研で最終掃除をやり、午後には「新庁舎」に移動して、搬入された机とロッカーなど（これは新品！）を配置した。

4.1.4　設立直後の理事会、職員

こんな経緯もあったが財団法人として設立された初期の組織は次の通りであった。

会長は岡田俊雄さんで大阪商船と三井船舶が合併したばかりの初代会長である。専務理事は初代所長に就任した西部先生ともう一人、地方海運局長を最後に退官した元キャリアーの運輸事務官の二人だった。なおこの二人専務体制は不自然で、発足当初から何かと問題が多く、後にキャリアーの運輸事務官出身の専務理事が空席になった時期もある。

理事会の下には、主として研究を守備範囲とする研究専門委員会（委員長は元労研所長で体力医学研究所所長の勝木新次さん、副委員長は労研時代に海上労働の研究に関わったことがある東大教授の大島正光さんで他に12名の委員）、主として財務を守備範囲とする業務専門委員会（委員長は商船三井常務の青山三郎さん、

副委員長は日本パイロット協会事務局長の荒木善之さんで他に 20 名の委員）が置かれた。因みに青山さんは練習船大成丸で東京高等商船学校の卒業遠洋航海を共にした西部先生と1期違いの同窓生である。

　設立時の 9 月 1 日の職員としては、総務部の部長、次長には運輸省出身者が就任し、研究部員は以下の 6 名だった。

　労研の海上労働研究室の主任研究員で既に 3.1 で紹介した小石泰道さん、ながらく暉峻義等さんの漁業労働研究の助手を務めてきた岩崎繁野さん、お茶の水女子大学を出た後東大の清水義弘さんのもとで教育社会学を学び、船員の家族を研究していた神田道子さん、東京水産大学の卒業研究のため栄吉丸という 200 トンの鮪漁船に 3 か月乗船するという世界で初めてのことをやり遂げた後に労研の漁業労働研究室に入った服部昭さん、外航船の船長を父に持ち船員の体育の実態を調査してお茶ノ水大学の卒論とした杉原弥生さん、それに航海訓練所から派遣されて特別研究生として海上労働研究室でほぼ 3 年間を過ごしていたが派遣元の講師を辞職して参加した私である。誰もが西部先生の指導を受けてきた人たちであった。（3.3　写真参照）

　設立 1 月後の 10 月 1 日には航海訓練所助教授（機関士）で 1955 年から労研の海上労働研究室で船の居住環境の研究に断続的に参加し設立準備にもかかわった神田寛さん、外航船で航海士として勤務した経験を持つ山岡靖治さんが加わった。

　11 月 1 日には海運会社で長く船医を務めながら船員の疾病の研究に取り組み、京浜地区の港に入港した折や休暇の際に海上労働研究室にやってきて西部先生と情報交換をしていた久我正男さんが加わった。久我さんは 1959 年に「油槽船乗組員の原油障害」という論文を東京医科歯科大学に提出して医学博士になった人である。

　さらに翌年の 1967 年 4 月 1 日には次の 4 名が加わった。すなわち外航船の機関士の経験があり日本機関士協会で活動していた篠原陽一さん、航海訓練所の講師（航海士）で港湾労働に強い関心を持っていた玉井克輔さん、北洋の捕鯨船団のキャッチャーボート 5 隻に乗船して船内の人間関係と捕獲量との関係を調べて早稲田大学の修論を書き上げた大木（現青木）修次さん、東北大学の心理学の博士課程で人間の感覚遮断などの研究をしていた鈴木由紀生さんが加わったである。なおこの人事は鈴木さんの指導教官と西部先生とが親しかったことで生まれたものと聞いている。

　この 13 人が設立に当って予定されていたメンバーであるが、それぞれの所属していた先の都合もあって着任時期が異なることとなったのである。

　なお後に神田道子さんは東洋大学（教授、学長）、服部さんは八戸大学（教授、

副学長）、青木さんは東京国際大学（教授、理事）、鈴木さんは茨城大学（教授、学部長）、広田さんは鶴川女子短期大学（講師）、玉井さんは労働大学（講師）、山岡さんは船主団体の内航労務協会（専務理事）として活動することになる。私は後に長野県立短期大学、日本福祉大学、松陰大学に教授として勤務することになる。

4.2　設立直後の所内の表面的雰囲気

　目白の老朽化した木造の建物で活動が始まった。設立準備段階では、研究職員の給与等の条件は国家公務員研究職（一）に準ずると知らされていた。しかし実際には2年遅れのそれだったので一同驚いたが、そのうち改善されることになっているという専務理事の言葉を信じて受け入れた。私は運輸省時代に比べて約2/3近くに下がった。

　それでも長年の思いが叶って一層活き活きと張り切っている様子の西部先生のもとで調査・研究に当れることが嬉しく、みんな張り切って仕事に取り組んだ。後にある研究職員はその仕事ぶりというか、働きぶりを「常軌を逸している」と表現した程である。私も廃屋同然の「新庁舎」に机が運び込まれた僅か10日後には小石さんに率いられて下関に2週間ほど出張し、関門海峡を浚渫する海鵬丸の労働実態調査に当っている。

　設立の翌年の1967年4月30日には維持会その他に配布するために「海上労研だより」が創刊された。

　それ以後、隔月刊で発行され、"図解海上労働科学"や"外国文献紹介"などのコラムが連載されるなど内容も充実されていったがたが、1970年1月31日に発行された17号が最後となった。

　因みにこのロゴは油絵を能くする小石さんのデザインによるものである。

伊豆の西海岸で撮影
前列中央　西部先生
（1967 年 9 月 2 日）

　1967 年の 9 月には、将に忙中閑ありで委託研究に追われる合間に創立 1 周年を
記念して西伊豆の雲見に 1 泊してほとんどの所員が初の親睦旅行を楽しんだ。
　また 11 月 20 日には労働科学研究所労働心理部、鉄道労働科学研究所心理部お
よび海上労働科学研究所が砂防会館の 2 階の会議室に集まって研究懇談会が開催
された。これは三労研の集いとよばれてその後も何回か開かれ、時には研究発表の
後にソフトボールを楽しんだりもした。

5．1967年－1969年　運営資金不足とその影響

　このように所全体が活発に活動はしていたが、直ぐにさまざまな問題が発生し、
露呈し、前項で記したような明るい雰囲気は薄れていく。

5.1　予想外の建物移転による運営資金難の到来

　創立 1 周年を記念した親睦旅行の直後予想外の危機が発生した。それは目白の
建物を明け渡すようにという大蔵省の突然の要請であった。やがて明らかとなった
移転先はなんと千代田区平河町にある砂防会館だった。どういう経過でそうなった
のか研究職員には知らされなかったし、記録も今に至るまで見たことはない。ただ
し 1967 年 9 月 29 日に緊急常任理事会が開かれ「研究所の移転問題」が取り上げ
られ、移転先は砂防会館 4 階と決定したという簡単な記述はある。[20]
　労研から引っ越して 1 年も経っていない中で引越しの準備に当ることになる。実
際に引っ越したのは 1967 年 11 月 4 日だったが、移転準備のため初めて訪れて、4

---

(20) 海上労研だより、4 号、1967

階でエレベータを降りてまず驚いたのはすぐ左手がなんと中曽根康弘事務所であったことだ。その前を通り過ぎた先にある通路の奥の大部屋1室と向いの小さな部屋が研究所スペースなのである。これでは脳波測定用のシールドルームなどの実験室や久我さんの診療室、それに多量の図書・資料・器具などの保管スペースを必要とする研究所にはどう考えても適当とは思えない。所長室を設置する余裕すらないのだ。3階には田中角栄事務所があることを知って、政治に関係する人が良く設立する○○研究所ならともかく、ここが海上労働科学研究所の建物?、何故?、という思いはさらに強まったが、所員は黙っているしかなかった。目白の廃屋にせよ砂防会館にせよ西部先生が関与できないところで決められたことだろうと考えていたからである。

ロッカーを仕切り代わりに使って、資料や調査器具を置くスペース、会議スペースなどを設けたり、各自の机を配置したりするような力仕事を黙々とこなした。

でも目白の廃屋のような老朽建物に入った時に皆が感じていた「さぁ、ここが我々の新しい根拠地だ、頑張るぞ」といったような高揚した気分は薄れていった。異常なほどの忙しささえ楽しんでいるような雰囲気だったのに。

そんな気分のなかで移転してまもなく日本育英会から奨学金の返還を免除される機関に認定された時は「やはり学術研究機関なんだ」と少し元気になったが長続きはしなかった。

この移転がとんでもない問題を持っていることが分ったのである。すなわち目白の陋屋にいた時には年間7万円だった事務所借料がなんと砂防会館では480万円だった。予算のおよそ70倍である。高額な支出増を伴ったこの突然の大蔵省の要請によって移転を余儀なくされる事態は監督官庁である運輸省も全く予想していなかったことだった。設立後の5ヶ年間の収支計画について、設立の1月前の1966年8月5日付けで船員局が作成した「海上労研運営収入支出計画(41.9設立)」をみても事務所借料を含む事務費は5年間同額を掲げているからである。つまりこんな支出増を伴う移転は想定されていなかったのである。

しかも問題は、その年の年間予算の中で事務所借料の占める割合が事務費総額予算277.2万円の2.5%であったのに対し、これが173.2%となるような支出増になるにもかかわらず、それへの対応が全く用意されていないままでの移転だったことである。

その結果、2年遅れの所員の低賃金の改善は不可能な財務状況となり、それを多くの委託研究でカバーするという事態になった。それでも財務状況を改善するにはほど遠く、移転した翌年の1968年12月16日の主任会議で「委託研究費は3月に

支払われるので2月には資金がショートし、銀行から300万円の借り入れを必要とするので常任理事会の承認を受けたい」との下田専務理事が発言したような経理となっていった。設立されてから僅か2年のことである。

5.2　組織運営上の問題が表面化

　創立後、研究所の組織は所長の下に労働技術研究室、労働衛生研究室、人間工学研究室の3研究室にはそれぞれ主任研究員が配置され、もう一つの社会科学研究室は所長が主任研究員を兼務していた。この3人の主任研究員と所長を構成員とする主任会議がおかれ、ここが研究所の主な意思決定の役割をもっていた。労研にならったものである。しかしこの研究室組織は設立当初から問題をはらんでいた。

　それぞれの研究室には研究職員が所属していたが、主任研究員と研究職員との関係が必ずしも良好ではなかったのである。設立準備段階で、研究室の所属は「外向けのもので、実際には今までと何も変わりない」、「形を整えるためだけ」という説明で納得していた（させられていた）にもかかわらず、実際に活動が始まると主任研究員の中に「主任研究員の指示・指導の下にやるのが当然」という雰囲気がでてきたばかりか、研究室によっては「主任研究員が命じたこと以外はやるな」となった。「そんなことは承服できない」とする研究職員との関係がいわばぎくしゃくしていたのである。自分の仕事に手足のごとく使いたい人と手足にはなりたくない人とは共存できない。設立してから僅か半年後の1967年4月にはある研究室で深刻な対立が表面化したが、研究所としては、つまり主任会議としては何も対応しなかった。いわば表面的には「見て見ぬふり」をし、具体的には研究職員に「うまくやってくれよ」と囁くだけだったのである。そんな時期、ある研究職員（実は私）は決められた勤務時間は主任研究員の命じたコピーなどの雑用をこなし、自分の研究は5時になって当の主任研究員が帰宅してからでないと本も開けなかった。

　こうした状況が一向に改善されないので、1968年2月27日には、一部の主任研究員を除く研究職員全員が連名で専務理事宛に問題を指摘し改善を求める「要望書」を提出した。要望書にはⅠ．研究所と研究職員のあり方、Ⅱ．委託研究について、Ⅲ．財政について、Ⅳ．事務運営について、Ⅴ．人事についてが書かれていた。これに対して1週間後の3月8日に所長から回答があったがいずれの点に関しても「現状を良しとはしていないが、設立してから日が浅いので我慢して頑張って欲しい」という精神論の範囲を出なかった。提出した側からすれば、専務理事でもある所長自身がもう一人の専務理事や一部の主任研究員との考え方の違いを調整できないでいる苦渋の意中、しかもそれを明言できずに抽象的、一般論的で説明しようとする所

長の苦しい立場を感じただけで終わった。

5.3　低賃金で生活が苦しくなった所員の不満の増加

　事務所経費の大幅な増加になんとか対応するために、委託事業が増加し研究職員の負担は非常に大きくなっていった。しかも人件費が抑えられているために、極めて低い賃金だったので所員の不満は次第に大きく膨らんでいった。

　当時は表3に見る通り物価の上昇率が高く、それにともなった民間の賃金の上昇を反映して国家公務員の賃金も上がっていた。こうした中で、2年遅れで始まり、その後は僅かな定昇しかなかった低賃金は当然所員の生活を困窮させることになった。ある所員は翌日が給料日だった日曜日に地域の自治会員が集めにきた50円の会費が払えなかった。また別の所員の賃金は当時の生活保護費を下回っていた。こうした状態に対し、所員は当然賃金の改善を求め会議などでも積極的に発言し続けたが一向に改善されなかった。

　もちろん管理者側も問題意識はもっていた。それは1968年11月4日の事務連絡会（二人の専務理事の連絡会的性格をもち主任研究員と総務部長、次長が出席する会議）に提出された総務部長作成の「47年度を目標に運営収支計画書（案）」

表3　当時の消費者物価の上昇率、民間賃上げ率、国家公務員賃金改定率

（総務省統計局資料から作成）

（年）	消費者物価上昇率（%）	民間賃金上昇率（%）	国家公務員賃金改定率（%）
1964	3.9	12.4	8.50
1965	6.6	10.6	7.20
1966	5.1	10.6	6.90
1967	4.0	12.5	7.90
1968	5.3	13.6	8.00
1969	5.2	15.8	10.20
1970	7.7	18.5	12.67
1971	6.3	16.9	11.74
1972	4.9	15.3	10.68
1973	11.7	20.1	15.39
1974	23.2	32.9	29.64

と共に提出された「海上労働科学研究所の運営問題について」の中に「事務所借料480万円の増加と物価騰貴のより他の類似の研究機関の研究職員のそれに比し、著しく懸隔を生ずるに至ったのであり（後略）」との記述があることから分かる。しかしそうした問題意識はあっても根本的改善策をもっていたわけではなく、したがって「46年度、47年度には無理が出てくると思うがサービス収入とかとにかく事業収入を考えなければならない状況であることを了解して欲しい」と続くのである。これは43年、すなわち1968年のことである。

6. 1970年　労働組合の結成、研究部組織の変更、専務理事の退任

6.1　低賃金に対する所員の不満は限界に

賃金は形ばかりの僅かな定期昇給があるのみでなんらの根本的な改善が行われなかった。そのため1969年12月4日に開かれた業務専門委員会で研究所の運営問題がとりあげられた際に常任理事の一人が下田専務理事に対して「2年遅れは酷すぎる、段階的にでも解消すべきである」と異例ともいうべき苦言を呈するに至った。

しかしこうした苦言があったにもかかわらず賃金状態は改善されず、1970年3月2日の事務連絡会議で下田専務理事が「44年度は150万円の赤字が見込まれるが」と発言するような研究所の経理状況だった。

また同じ1970年3月23日の事務連絡会議では「45年度は43年8月の人事院勧告ベースにする」とする内容を含む予算案が議論されているが、相変わらずの2年遅れが予定されていて、常任理事の苦言は全く活かされてはいない。

6.2　労働組合の結成

ここに至ってこの2日後の1970年3月25日に、総務部長・次長および3人の主任研究員、1人の研究員を除く事務職員を含めた全員による海上労働科学研究所労働組合が結成され、さっそく3月26日に会長宛ての書面をもって賃金の改善を要求し、3月30日に団体交渉を開催するように申し入れた。

この団体交渉に先立って両専務理事は全所員を招集して、財務状況が厳しいというこれまでの説明を繰り返した上で、設立時の収支5ヵ年計画にしばられていて身動きできない。45年度は無理だが46年度にはなんとかしたいと考えているのでもう少し我慢して欲しいと発言した。さらに慎重に言葉を選びながらではあるが、次の5ヵ年計画を関係方面と相談しながら策定しているこの時期に組合ができると一層やり難くなるから控えて欲しいという考えを披露した。出席した主任研究員の一人

は「組合ができると研究所がつぶれる」と下田専務理事の側に立った発言をしてはばからなかった。

　以後の経過の詳細は省略するが、結局理事者側が提示した僅かの定昇額の原資の総額のなかで、より低い賃金を得ている組合員への配分を増やすという結果にしかならなかった。したがって組合員の中には理事者側が提示した定昇額を下回った者もいたが、それを認めなければならないほどの低賃金だったのだ。

　ここで一つだけ書いておきたいことがある。それは団交の席上で組合側が、両専務理事を含む22人の全所員の人件費の25%が二人の専務理事に支出されていることを明らかにして「これまで乏しきを分かつて一致協力してやっていこう」と言ってきたのは何だったのかと問いかけたことに関してである。その場では、両専務理事から答えはなかった。しかし後になって分かったのは専務理事でもある西部所長の行動である。船員局長に自分の人件費を所員の賃金改善に使って欲しいと密かに申し出ていたのである。船員局長は所長を叱り飛ばしたと運輸省の知人から私は聞いている。下田専務理事と同席している団交の席では見せない西部所長の所員を守ろうとする一面だった。しかし船員局長にしてみれば専務理事の人件費と所員のそれは全く別なもので、融通なんてことはあってはならないことと考えていたのであろう。

　「組合ができると研究所がつぶれる」という一主任研究員の発言はまんざら的を外したものではなかった。それは後述する。

6.3　研究部組織はグループ化を経て 2 部 1 室制に

　設立して 1 年半経過した 1968 年 2 月 27 日には、研究職員のほぼ全員から両専務理事宛てに要望書が提出されたことは既に記したが、これによって研究職員の問題意識が表面化することとなった。これを契機に主任会議に研究員を加えるとか研究室の解体などが議論され、さまざまな経過を辿ったのち 1969 年 5 月 29 日には主任会議、研究室を解体しないままで研究グループ制が採用された。これからほぼ 1 年後の 1970 年 7 月 31 日には「主任会議および研究室は事実上機能していない」ということを解消する方針が確認され、9 月には西部所長から研究部の組織を研究第一部、研究第二部、資料室に変更するという緊急提案がだされた。これは表向きの説明はともかく、神田主任研究員を主査とし久我医師とそのグループをメンバーとする第一部と、それ以外の研究員が所属する第二部（主査は篠原研究員）、小石主任研究員を室長とする資料室という 2 部 1 室の組織にして、主任研究員と研究員との軋轢、主任研究員同士の摩擦を緩和しようとしたものでもあった。11 月 1 日からこの新組織となり、新しい辞令も渡された。

しかし組織改編の理由はそれだけではなく、それに先立つほぼ6か月前に組合が結成されたことが契機となって海上労研の組織運営が抱える問題が明るみに出て、常任理事会をはじめとする外部からの批判が高まったことへの対応でもあったのだ。

7. 1971年　財務逼迫、次年度の予算案を立てられない状況に、希望退職者の募集など激動の年

7.1　常任理事会の役割の変化

まったく想定していなかった設立直後の事務所経費の大幅な増加に端を発した運営資金の不足は、まずは低賃金の持続となって所員の生活を脅かした。また不足する資金を少しでも補おうとして研究所全体のマンパワーを大きく超えた委託事業の増加をもたらした。そうして委託以外の研究をする時間が全く取れないことへの所員の不満の声も非常に高くなっていった。さらにこうした事態にまともに取り組もうとしない専務理事や事務連絡会議などへの所員の不信の思いも深まっていった。

こんな状況を会長や常任理事もある程度は把握していた。それは1969年12月の常任理事会で「委託本位で自主的発表もできない状況もあり、公共的研究機関としての在り方について検討して欲しい」と岡田会長がわざわざ発言しているし、常任理事の一人は「研究員が5年位は安心して研究できるようでないと」という発言もあった（1969年12月12日の主任会議記録から）ことから推測される。

しかしこうした発言に関する議論は前向きには展開せず、むしろ海上労研は委託研究をする処であるという発言すら出る状態だった。結局、事態は改善されず既に述べた組合の結成であり組織の改定に至ったのである。

労働組合の行動を控えるようにと専務理事が要望する理由に挙げた46年度を初年度とする新しい5ヵ年計画は資金の目途がたたずに策定できなかった。この過程のなかで専務理事に対する批判も理事会の中で高まったようで、常任理事会が実質的執行機関的存在になっていった。それはリーダーシップを発揮して積極的に資金問題の解決に取り組もうとしない下田専務理事への不信感が理事や常任理事たちの間で高まっていった結果であった。そうして驚くべきことに研究職員からだされる要望や質問に対して下田専務理事は「専務理事は常任理事会に働きかける立場ではなくその決定にしたがって仕事するだけだ（から自分では何もできないし、何も答えられない）」と口にしてはばからない事態になっていった。

同時に研究職員に対する外部の批判的な意見も高まっていった。それは委託研究だけではなく基本研究ないし自主的研究もやれる環境を望んでいることへのものだ

った。そもそもその二つはどう違うのだという基本的な疑問から発している批判でも
あったのだ。そのため所内で議論して「委託研究とは、基本研究とは」を研究所と
しての見解をまとめた資料を作成した。しかしこれは裏目に出た面もあった。そんな
海運界や船員界が現在必要としていない基本研究と称する自主的研究をやりたいな
どと考えるのは財団の職員としてふさわしくないという受け止め方がでてきたのであ
る。必要があれば委託になる筈だし、委託にならないのは必要がないからだという
考え方である。自主的研究をきちんとやって研究能力を高めておくことが委託研究
の質を高めることになり、さらに将来の要請に対応でき、研究所としての存在価値
と信頼性を高めることにつながるという研究職員の考え方は一部の人にしか理解さ
れなかった。

　しかし水面下では問題解決に向けたさまざまな取り組みがなされていた。直接の
監督官庁である船員局も異なる考えを持つ関係者の意見をなんとかまとめて、運営
資金を確保したいという姿勢を持っていた。これを背景に業務専門委員会や常任理
事会は議論を重ねて、委託研究だけでは不足するので全海運会社の負担による海運
界や船員界全体に資する公益研究を設定して、委託研究と公益研究の2本柱によっ
て予算編成をするという抜本策と呼ばれた案をまとめようとしていた。

　しかしこれについて下田専務理事は事務連絡会議で「この抜本策を念頭に置いて、
1971年2月には船員局が日本海事財団に資金の増加を申し入れたが先方は相当難
色を示した。その後3巨頭会談（筆者注：船員局長、日本海事財団会長、日本海
運振興会会長、なお両会長は研究所の理事でもある）が行われた模様だが、この
結論は海事財団も海運振興会も海上労研が抜本的に考え直さない限り援助しないこ
とになった様子だ」とひとごとのように報告している（1971年2月9日の事務連絡
会議の記録）。

　結局、研究所の上へも下へも疑問と批判が寄せられることになり、運営資金の調
達はうまく進まず、46年の2月末になっても46年度予算案ができず、45年予算を
もとに3ヵ月の暫定予算が組まれ、1971年の4月からそれで新年度が出発した。

　これほど運営資金の調達が困難だった一因は組合の結成であったことは否めない
ようである。組合を結成したからといって、ストライキをやったわけでもなければデ
モをやったわけではなかった。それどころか委託事業を予定通り実行しながら研究
所の再建案を作成したりもしていた。

　それでも理事会や常任理事会あるいは業務専門委員会の中からは再建を難しく
したという発言が多くあったと伝えられた。「財団で組合を作るとは！」、「なん
で財団に組合をつくるような若い者がいるのか？」といった発言まであったので

ある。財団とは俗に金庫番と呼ばれた専務理事と1，2名の事務員がいるところ、という当時の「常識」からすればこうした発言があっても不思議ではない。なかにはこんなものもあった。「組合があるようなところに金は出したくない」、「財団というものは少ない年金の不足を補うために作ったもので、仕事するところではない」。

1971年の5月なっても資金調達の目途は立たず、5月28日の常任理事会は、第二四半期収支は前年度の規模で3か月引き延ばすこととした。しかし次のような決定がなされたという報告は研究職員を非常に驚かせた。「研究体制についての結論はでなかったものの、研究事業の執行機関は常任理事会であり、個々の研究事項の決定は常任理事会の決定に従って執行されるべきで、業務専門委員会でも研究専門委員会でもない。海上労研の調査研究は他から頼まれた金の付く仕事しか行わない。設立の時から海運産業の要請に応えるためのものである。もちろん研究員の養成をする処ではない。これは財政面からの要請でそうなったのではなく、設立の趣旨から決定的に定められたものである。」

この決定は多くの（全員ではなかった）研究職員にとっては信じ難い内容だった。寄付行為（定款）をこのように解釈できるとは！　この内容を研究所の専務理事が認め、平然と所員に伝えるとは！

資金の助成を具体的に考えるに当たって必要なことは、研究所の運営全体を見直す抜本策が必要であると外部から指摘されていたことは前述した。こうした指摘を受ける前からその必要性を痛感していた11名の研究職員は設立以来の実績や問題点、改善すべき点、その方策などを明らかにする再建計画の策定に取り組んでいた。この3週間前の5月6日には下田専務理事は全研究職員を招集した席で、内部で一致協力して再建抜本策の検討と策定を求めていたのである。そこで所員はそれまでの努力を継続してまとめたA4で14頁に亘る詳細な「海上労働科学研究所の再建計画（案）」として提出しようとした。まさにその時期に「委託だけやるところであり、研究員を養成するところではない」という文言が、研究所としての機能と役割とを果たせるように再建しようと真摯に取り組んできた研究職員に与えた衝撃は大きかった。分析や議論を重ねて作成した再建計画（案）は全く意味を持たないことになるからである。もっとも抜本策の策定に協力しないばかりか話し合いすら拒否した二人の所員がどのようにこの決定を受け止めたかは分からなかった。もう一つ分からないのは3週間前に抜本策の策定を求めた下田専務理事の真意である。それでも7月15日には「再建計画（案）」は所内で発表され、資料が配布されたが専務理事側の反応は全くなかった。

　驚きながらも私たちはこの後すぐに 10 日間にわたって航空局の委託による航空管制官の疲労調査のため羽田の管制塔に籠った。

7.2　「研究所は受託調査機関である」をふくむ驚きの常任理事会決定の提示

　驚きと衝撃はこれで終わりではなかった。後になって考えれば、これは終わりではなく始まりと受け止めなければならなかったのだ。さらなる衝撃が再建案を作成した研究職員に加わる。

　まずは 8 月 2 日付けの「常任理事会決定」なるものである。8 月 5 日に両専務理事が全所員を招集して資料を配布した。内容は以下の通りであった。

常任理事会決定事項
○研究所は受託調査機関であって研究者を養成する機関ではない。
　従って
（イ）　調査研究は委託があったものに限る。
（ロ）　研究所においては個人研究又は自主研究は許されない。
（ハ）　個人の学会関係経費については研究所は支給しない。
（ニ）　所員は委託をとることに努力すべきである。
（ホ）　研究項目の実施方法は審議機関の議を経て所長が決める。
○調査研究事項は次のとおり決定された。
（イ）　船員の保健に関する調査研究（安全衛生、食料を含む）
（ロ）　船員の資質能力と労働負担（疲労）に関する調査研究（海難、災害を含む）

常任理事会決定事項

（ハ）　設備、環境に関する調査研究

（ニ）　その他特に要請される調査研究

所員からは当然多くの疑問、質問が上がった。それに対する下田専務理事の発言は以下のようなものだった。

①この決定事項は、専務理事が提案したり意見をのべたことにもとづいた結果ではなく、常任理事の長期間の慎重な審議による結果である。

②したがって、この決定事項は今後どのようなことがあっても変更されることはない。われわれ専務理事はそれに従うこととする。

③われわれ専務理事は、この決定事項を説明し、諸君がそれに従うかどうか聞くようにいわれてきた。

④この決定の過程で研究職員による再建案も論議されたが、このような決定がなされたので、それは認められないことが明らかとなった。

⑤研究職員の業務は、すべて委託事業であって、いわゆる基本研究はそれに含まれ、その柱は3本の柱にかぎり、それにかかわらないすべての研究活動はみとめない。

⑥財政、組織、人事は、職員の賛否の確認をえて、今後の常任理事会が決定されるので、専務理事はそれ以上のことを求められていない。

⑦基金や補助金の増加は難しいという判断のうえで、それを要望しないことを前提にした決定である。

⑧研究職員は、人件費や研究経費を、みずからの受託努力によりペイするよう求められている。

⑨受託事業収入で、人件費や研究経費がペイできない部分について基金利子収入でやむなくカバーする。

⑩職員において、この決定事項を承諾することができずに、研究所をやめていく人が出ても、それは仕方がない。

⑪ただ決定事項に異論がある研究職員でも、賛成する研究職員の手伝をするか、専門領域をかえれば残ることができる。

この説明には研究職員の多くは驚きからというよりむしろ呆れて言葉を失い、互いに顔を見合わせるばかりだった。僅か1年半前の44年12月12日の常任理事会における「委託本位で自主的発表もできない状況もあり、公共的研究機関としての在り方について検討して欲しい」という岡田俊雄会長の発言を専務理事としてどう受け止めていたのであろうか。

さらにその4日後の8月9日には「常任理事会の決定について」なる資料が両専

常任理事会の決定について（昭和46.8.9）

務の名前で所員一人一人に配布された。

　内容は次の通りであった。

　常任理事会の決定について

　　　　　　　　　　　　　　　　　　　　　　下田行夫
　　　　　　　　　　　　　　　　　　　　　　西部徹一

1. 常任理事会の決定については8月5日(木)に説明した。これに対する諸君の態度をあきらかにしてもらいたい。
2. それには研究員の各自が決定された三つの調査研究項目のどれに従事するかを決定した上、常任理事会の方針に従うか否かを8月13日（金）までに各自が申告してもらいたい（研究補助職および事務職は除く）。
　　8月13日までに申告しない者があれば、その者は常任理事会の決定に従わないものとみなす。
3. 現在契約している受託研究は契約期日までに完了するよう努力すること。

　　　　　　　　　　　　　　　　　　　　　　　　　　　　　以上

　これらは到底納得のいくものではない。その場にいた研究員の一人は「8人の研究員は応答できませんと応えた」というメモを残している。

　そもそも何があって常任理事会は突然これほど脅迫的で強硬的な態度になったのか全く理解できず、果たしてこれが本当に常任理事会の意思なのかどうかという疑問すらもった。もちろん誰もが13日という期限を無視した。

　この10日後には11名の研究職員は「乞うご回覧　海上労研の現状を訴えます!!」と題するB4版1枚の資料を作成して運輸省、航海訓練所、海運会社、船主団体、海員組合、船員職能団体、海事関係団体などの関係方面に配布した。この内容は海上労研創立以来の5ヵ年間に、学会発表25扁、委託事業52件、相談800件、講演会24回、講師派遣192回、調査研究資料刊行28冊の実績を紹介すると共に、常任理事会決定なるものを紹介して、研究職員はこれを全く理解できないでいるという実態への理解を求めたものである。また質問や批判を直接受ける場を設けたりもした。

　こうした動きに加えて研究員たちがそれぞれのもつ人脈を通して集めた情報を持ち寄って分析してみると、専務理事が所内の状況を常任理事会に正しく伝えていないばかりか、所内は大混乱で仕事も一切していない異常状態にあるとの偽りを伝えているらしいこと、それを感じとっている常任理事の中には専務理事への不信感を持っている人もいることなどが分ってきた。そんな常任理事の中には「専務理事の挑発、暴発にのるなよ」と忠告してくれる人もいた。

　ここに一つの資料が残っている。それは会長への質問状（案）である。主旨は「常任理事会決定」に関する下田専務理事の発言を紹介した上で「こういう内容と説明を受けましたが、これらは常任理事会の意思を正しく反映しているものなのでしょうか」と問おうとしている。つまり研究職員は専務理事に対してそれまでに持っていた不信感を一層強めたのである。しかし実際には会長には提出しなかった。会長に直接質問しようとすると余計に複雑になることが予想されたからである。この点に関しても「会長は君たちの敵ではないよ」とそっと囁いてくれた常任理事がいた。

　研究職員には常任理事会サイド、専務理事サイドが必ずしも1枚岩ではないことが分ってきた。それでも専務理事はやれ個人別に研究計画をだせとかやれ個人面接をするとかいろいろな働きかけを重ねた。まとまって専務理事と対峙している研究職員たちを解体したかったのであるが、彼らが1枚岩ではないことを知っている研究職員たちは、つけいれられる隙を見せないように柔軟に対応した。

　9月に入ると両専務理事名で「常任理事会の決定事項（昭46.8.2.）の解釈」が資料（B5版1枚、9月17日付け）として各人に配布された。

　内容は以下のようにずいぶんと後退したものになっていて、なんとか研究員たちの賛同を取り付けたい専務理事の思惑が滲んでいた。

（1）海上労研は海運社会から付託された調査研究機関であり、その要請にこたえる目的研究および応用研究を行なうところである。(Ⓐ)

（2）調査研究事項は基本研究項目（Ⓑ、（イ）、（ロ）、（ハ））の意味であり、その

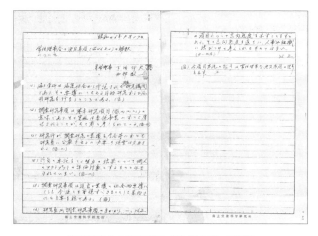

常任理事会の決定事項（昭 46.8.2）の解釈

実施は委託事業において消化されることが、たて前と考えられている。（Ⓐ、
（イ））

(3) 研究所が調査研究の業績を学会等において研究員の公表させるに必要な経
費は支出される。（Ⓐ、（ハ））

(4) 所員の委託をとる努力の結果について個人のアウトプットの評価対象とするも
のとみなされていない。（Ⓐ、（ロ））

(5) 調査研究事項は過去の業績と社会的要請にてらし、今後とも重視すべきもの
として集約された主要な柱である。（Ⓑ）

(6) 研究員は調査研究事項のなかから一つ以上の項目について志向態度を示す
ことをもとめる。その志向態度を直ちに、人事や組織に結びつけて考えられ
るものではない。（Ⓐ〜回答）

　　　　　　　　　　　　　（注）各項目末尾の記号は常任理事会決定事項の記号を示す。

どうやら「決定事項」に関して所員にした説明が常任理事会にも伝わり、これに対
して疑問視する声があがってきていたようだ。

表面的には主だった動きがない中で、実際には一向に問題解決の見通しを立てら
れないでいる専務理事に対して密かな動きが起きていた。私は運輸省筋の親しい人
から主として次のようなことを聞いた。9 月 23 日のことである。

①西部所長は規模縮小を考えていて、そのための具体的な人事案を関係筋に披
露している（その内容は私の記録にはあるがここでは控えておく）

②西部所長自身は辞意を固めた様子だ

③監督官庁は会長の花道を用意すると共に両専務理事を解任することを決めた

④監督官庁は次期所長の候補を某氏に定めて折衝したが固辞されたので別の人と折衝中である

⑤「常任理事会決定事項」が求めていることは一時のもので、理事会や常任理事会の体制が変われば消滅するものである

　これを聞いて私は運輸省の幹部である別の知人に確かめた。この人は設立に苦労する西部先生が「思いがけないところにいる人が応援してくれるのを知って嬉しい」と語ったBさんである。彼は情報が間違っていないと述べ「所長を、と言われた某氏は即座に勘弁して下さいと頭を下げたと聞いたよ。誤解であるにしても君たちの評判はあまり良くはない。ここは常任理事会の顔を立てて一旦は引くことで点を稼いだらどうだ。解散という声だってあがっているのだから。君たちだって知ってるだろう、一歩後退二歩前進という言葉を」と真剣な顔で語り、さらに「目途が無いのにこんなことは言わないぜ、俺は」と付け加えた。

　研究職員はそれぞれの持つ人脈を活かしてこうした情報をさらに収集し共有し照合し、とるべき行動を模索し続けた。

　さらに一人の常任理事と同じ頃に秘密裏に会合を持って、上述した運輸省筋の情報が正しいことを確認した。その席上で受けた「内容に問題があるけれど、常任理事会名で資料が出てしまっているから引っ込めるわけにはいかない。だからここは決定に従うというポーズを示したらどうだろう」というアドバイスを受けた。この人は以前にも紹介した「専務理事の挑発、暴発にのるなよ」と忠告してくれた人である。

［衆議院議員からの情報］

　しかしその後も下田専務理事は「常任理事会は全員縮小しかない無いという印象を持った、船員局も努力を放棄した」と伝えてきた。これは研究職員たちが入手している情報とは異なるので改めて確認することにした。

　ここに小さなメモがある。それは研究員の一人と親しい衆議院議員のFさんが運輸省の労政課長に「知り合いが勤務している海上労研のことで」と言って電話した際のものである。

○議員のところにいきました。
○（議員は）労政課長に電話しました。
○労政課長はびっくりしていました。
○大幅クビ切りというような話は常任理事会では出ていない。
○要するに常任理事会ではさほど具体的な話しは出ていない。

　これで両専務理事が常任理事会の論議を正しく所員に伝えていないことが明白になった。なおこの後、旧知の労政課の補佐官から私に「Ｆさんてなんだ！」との電話があり「はぁー？」と答えると「知らないなら良い」で終わり。このことからＦさんの電話はなんらかの影響があったようであるが具体的には分からない。

［回答書の提出］

　こうした情報を得て、10月に入ってからこれまでずっと行動を共にしてきた8人の研究員が「財政逼迫にかんがみた昭和46年度にかぎっての緊急措置として、8月2日の常任理事会の決定事項にしたがう」という主旨の回答書を全員署名捺印して専務理事に提出した。

　これで既に個別に回答をしていた3人の研究職員を合わせた11人全員の回答が揃ったことになる。下田専務理事からは「常任理事会が開催され決定に対する対応が了承された。これで残り半年の予算も45年度規模で成立する見込みとなった。しかし47年度以降については経営難となる見込みで、思い切った抜本策で数字を出してみる。そうでないとろくな待遇もできない。思い切った処置をすることについては会長一任となった」との説明があった。

　ここで明記しておきたいことは、こうした異常な事象が次から次へと起きていても、研究員たちの誰もが本来やるべきことはきちんとやっていたことである。私も前記の回答書をだした1週間後の10月11日から18日まで神戸―小倉間の阪九フェリーに往復乗船して日本海難防止協会からの委託事業に必要なデータを収集している。

7.3　希望退職者の募集通告

　この調査を終えてその整理にあたっていた11月8日に午後4時から両専務理事は当日たまたま欠席していた研究部の2名を除く全所員を招集して所内会議を開催し、希望退職者を募集すると言い出した。

　下田専務理事：財政が苦しくなった。満足な定昇もできず、予想されている赤字の一部は海運振興会が補填してくれることになっているがそれでも不足。しかし財団として赤字決算はできない。したがって縮小するしかなく希望退職を募らざるを得なくなった。

　もしほかにいい仕事があるから辞めたいという人があるならお引止めはしない。

　それが今日の会議の主旨である。12月15日が期限、12月31日に希望者に退職発令、退職金は第5条1号による。退職した日における支給月額に300/100の割

合を乗じて得た額を加算する。同日以降は 200/100 とする。労働基準法 22 条による「就職の斡旋」はする。対象は職員全員。人数はなるべく多く。（後日、西部所長が「多いほど良い」は取り消した）

　西部専務理事所長：まことに残念だが協力して欲しい。

　以上の口頭説明を終えてから、労働組合委員長宛てに同日付け両専務理事名で、希望退職者の募集について、と題する以下のような書類が出された。

　内容は以下のとおりである。

　当研究所は、財政の健全化に、できる限りの努力をしたが、現状維持は、不可能となったので、やむを得ず、別紙により希望退職者の募集を行なうことゝしたので、協力方お願いしたい。

以上

別紙

希望退職者募集要領

1．対象は職員全員とする。

2．申出期限　　昭和 46 年 12 月 15 日

3．退職期日　　昭和 46 年 12 月 31 日

4．優遇条件

（1）退職手当支給規則第 5 条（1）号「業務上の都合により退職したとき」とし、退職した日における本給月額に 300/100 の割合を乗じて得た額を第 4 条の規定により計算した額に加算する。

(2) 昭和46年12月31日付で退職した者に対しては、退職日における基本給
（本給、職務手当、家族手当、食事手当とする）2か月分を支払う。

以上

　ここには口頭では説明のあった、労働基準法22条による「就職の斡旋」はする
と言う文言はない。
　この希望退職募集に対して組合はただちに11月9日付けで、組合委員長名で両
専務理事宛に回答書を渡した。
　その中でこの書類は、組合員の任命権者である会長の署名捺印のない文書によっ
て組合員の退職者募集をするのはきわめて不当であるとした上で、研究所の維持発
展に尽くしてきた全組合員の誠意ある努力を無視したものであり、これまでの団体
交渉の中で組合員の退職を求めるがごときことは一切しないと、繰り返し専務理事
が表明してきたことに全く反するものであり、組合員は誰1人としてこれに応ずる用
意がないと回答した。

［一常任理事との会合］
　この回答書を渡してから1週間後の11月15日に研究所に近い鰻屋で常任理事の
中でも有力な一人と密かに話す機会をもった。
・両専務は辞める者がいると思っているのだから、辞める者はいないということ
　をはっきりさせればよい。
・君たちが今後の研究所のあり方なんかを考えるからややこしくなり、「こちらも」
　ややこしくなるんだ。（再建案のこと）
・専務理事が何で堂々と団交をやらないのか理解できない。
　2時間ほどかけてゆっくり聞いた話の主旨は以上のとおりであるが、特に印象的だ
ったのは両専務理事に対する強い不信感を隠さなかったことであり、現体制が長く
ないことをそれとなく示唆したことだった。それは運輸省筋から聞こえてきた「後継
を打診された人が即座に断った」とする話と符合することだった。
　この会合の3日後の11月18日から23日にかけて私は3隻の青函連絡船で乗
船調査を実施している。10月に実施した阪九フェリーの調査と同じ日本海難防止
協会の委託によるもので、いずれも共同研究者である労働科学研究所心理学研究
室の研究員が同行している。かねてより調査に協力してくれる阪急フェリーと国鉄と
打ち合わせてきたスケジュールを守ったのである。研究所の内部事情はどうであれ、
研究員としては外部との約束を違えるわけにはいかない。

7.4　退職予定者の指名

専務理事側は組合員が回答書で全員が希望退職には応じないとしたので、次の手として非組合員1名を含む3名の研究員（うち女性2名）が応じるように個別に要請してきた。事実上の指名解雇を行なおうとしたのである。

この後の詳細は省略するが、所内会議、団体交渉などを重ねると共に、それぞれの研究員の持つ個人的ルートによる情報を収集して状況を把握していく中で、前述した衆議院議員から得た希望退職者募集に関する情報なども参考にした上で、組合員の研究員2名はこれを受ける決心をした。二人の決心は、理事者側および監督官庁が用意している諸対策、すなわち専務理事の解任、新専務理事の就任、財務状況基盤の根本的立て直し、研究費獲得のための補助事業の新設、研究所員の待遇改善などとのいわば刺違いであり、そうすることにより研究所の解散を回避したのであった。

12月17日の最終的な団体交渉で、当面の賃金の改善および47年度の賃金改善と希望退職に応じた者の優遇条件の改善、本人の納得する再就職先の斡旋、退職後も有給の嘱託として残すことおよびその条件などで合意し協定書が作られた。

12月31日に3人の研究員は退職し翌日付けで嘱託となった。

1972年3月25日には、次期専務は渡邊俊道さんに決まったという情報が入った。

7.5　専務理事の退任

1972年3月31日、西部専務理事・所長が退任した。当日の昼にいわば指名解雇を受けた3人とともに送別会が開かれたがなんとも暗い雰囲気だった。「良い仕事をして欲しい、ただそれだけをお願いする」とだけ別れの言葉を口にして頭を下げた西部所長の姿は私には非常に痛々しく感じられた。

下田専務理事は5月31日に退任した。新専務理事が前職（日本原子力船開発事業団理事）を退任する日までのつなぎだったが、西部所長が退任してから所長席は空席だったのかどうかは年報に記載が無いので不明である。もちろん（!?）送別会などはなかった。下田専務理事と研究職員との間には設立以来ずっと距離があり、親しみを感じたことは一度もなかった。研究所の運営にまともに取り組む姿勢を見せたことがないばかりか、なんとか研究所を盛り立てようとする西部所長ほか研究職員を前向きに支援するどころかむしろ後ろ向きの言動ばかりだったのである。

8. 1972年ー1976年　新専務理事・所長 渡邊俊道さんの就任と海上労研への外部の信頼の変化

　渡邊俊道さんが 1972 年 6 月 1 日に専務理事・所長として就任した。なお円滑な研究所運営を妨げていた要因の一つであった二人専務理事制は廃止され、専務理事は一人となった。

　渡邊さんは先に記したように西部徹一先生と東京高等商船学校の同級生で、海上労研の設立にも貢献した人である。運輸省船員局教育課長、航海訓練所所長をはじめ海運、船員関係の多くの審議会の委員や船員中央労働委員会委員などを務めて、広く官界、海運界、船員界に知られ信頼されている存在だった。財務問題をはじめとしてその他の多くの問題が山積しており、研究所の存続さえ危ぶまれるような状態にあるこの時期において、これらの問題を解決して研究所本来の機能を十分に発揮できる体制づくりができるのは、渡邊さんしかいないという各方面からの強い推挙によるものだった。

8.1　渡邊俊道さんが就任した年にやったこと

8.1.1　所員との信頼関係の構築

　就任した渡邊さんは早速次の日に全所員を招集して「自分は研究者ではないから研究のことは分からない。素人だが努力する。一緒に前向きにやりたい。君たち一人一人の研究については明日から詳しく聞きたい。そうして議論したい。もちろん議論だから立場は君たちと対等だ。その議論をベースに研究所を動かしていく。だが専務理事であるから裁可しなければならない立場でもある。裁可する前に君たちと十分に話し合いをしたい。その裁可を君たちは遵守してもらいたい。そんなやり方で君たちと私とで研究所の信頼を回復したい」という挨拶があった。その表情は穏やかではあったが所員にとっては力強いメッセージとなった。

　そうして個人別に研究計画を提出させ、面談し、会議を開き、2 週間後には「君たちが考えていることは分かった。各人やってよろしい。ただし金がつかないものもあるかもしれない。なお今の段階では君たちのテーマは運輸省に出さないかも知れない」と裁可した。

　そのほぼ 1 月後の 7 月 3 日には、専務理事と共に新しく会長となった進藤孝二さん（大阪商船三井船舶取締役相談役）が研究職員全員を品川の Pacific Hotel の Sapphire の間に招待して「共々に努力して信頼を回復し良い仕事をしたい」と挨拶した。

　会長も専務理事も研究所の再出発に本気で取り組む姿勢があることが理解でき、研究職員としては数年振りに前途に光を見た思いだった。

　渡邊さんは就任時の挨拶通り、自分も全所員と共に考えると言う姿勢を日々の日常行動で示そうとさりげなく努力をしていることが感じられ、所内の雰囲気は明るく変わっていった。

　7月には所員と共に1泊の親睦旅行にも参加した。幹事が専務理事の部屋を用意しようとしたが「皆と同じで良い」だった。

1972年7月2日 花敷温泉　関晴館　右端が渡邊さん

　この後のある土曜日の午後には研究員と麻雀卓を囲んだりもした。もちろん研究のことや研究所のことも話題にしながら。

8.1.2　「常任理事会決定」に掲げる研究所の基本方針決定プロセスの変更

　渡邊さんが就任して先ず取り組んだことは、これまでの経緯にあった「常任理事会決定」などへの対応だった。

　各研究職員には研究所の柱となるべき研究項目と48年度の具体的研究テーマの提出を求めた。それも極めて短時日の間に。渡邊さんはそのほとんどを取り上げて若干の整理を加えたものを「専務理事の自分が決めた48年度事業案」として船員局に持ち込んだ。もちろん主だった常任理事に話を通してからである。その際の説明が以下のようにいかにも渡邊さんらしいものだった。

　海上労研の研究の基本方針は研究専門委員会で検討の上理事会で決定するという常任理事会決定があるからそうすべきだが、もう7月で次年度の運輸省の予算要求に時間的に間に合わないことを理由にして、各研究員から提出させた柱となるべき

項目を「専務理事の自分が決めた」として関係者の基本的な了解を取り付けた。

　これをもとに船員局は、次年度予算要求に 1. 船舶の運航体制、大きさ、速力等が船員に与える精神的、肉体的負担に関する研究：8,035,000 円、2. 海中転落事故、高所からの墜落事故、転倒事故等の行動災害実態調査および分析：4,860,000 円、合計 12,895,000 円を盛り込むことにし、この他の事業は他に助成を求めることが基本方針となった。船員局の渡邊さんに対する絶大な信頼の証であろう。

　こうして就任して 1 月後には「海上労研の研究の基本方針は研究専門委員会で検討の上理事会で決定する」ことを事実上無いものとした。

　さらに 10 月の末には船員局が予算要求をすることにした研究テーマと海上労研すなわち渡邊さんの考えとを日本船主協会、全日本海員組合に示して、優先順位をつけると共にその他の注文、異議、意見を寄せるように要請した。両者から短時日の間に回答があり、特に異議、意見はなかった。これを踏まえて 11 月初旬には官労使の要請の強い幾つかの項目を専務理事が選定して研究を進める方法をとらざるを得ないと船員局に説明して了解を得た。

　こうしたプロセスを経て「海上労研は海運界、船員界全体のために研究事業を進めようとしている」というすっきりとした説明が可能となった。それでも慎重な渡邊さんは「以前の常任理事会決定があるが、会長も専務理事も新しく就任した関係上、今後の常任理事会で新しい研究内容として承認されるべきものである」と主張して、11 月末に開かれた業務専門委員会および常任理事会で 48 年度研究事業計画は運輸省予算と日本海事財団の補助金で実施されるという資金計画を含めて原案通り承認された。1972 年 11 月 28 日のことである。

　個々の事業計画にはもちろん所要日数に応じた人件費が算入されていた。

　こうして 1971 年 8 月 2 日に研究所員に示された「常任理事会決定」は事実上効力を失った。

　もちろん日本海事財団からは「補助金の申請書を受理することになっても金額を了承したから受理するのではなく、受理してから考えさせてもらう」という条件はついていた。また運輸省からの経費として計上されているものも国への要求段階のもので決定されているものではない。しかし海上労研が具体的に取り組む研究事業の決め方と運営資金の確保に関する基本的な枠組みが公式に決定された意義はこの上もなく大きなものだった。

8.1.3　海運中核 6 社からの支援の確保

　年が明けた 1 月になって運輸省が海上労研の事業として要求した予算は復活要求

までしたがゼロ査定となった。これを受けて運輸省が予定した事業「船舶の運航体制、大きさ、速力等が船員に与える精神的、肉体的負担に関する研究」を参考に、中核 6 社からの委託研究になるような計画書の作成を渡邊さんは私と青木修次さんに求めた。私は就任直後に求められた研究計画として、日頃から考えていたことを基にして、青木さんと共同で「超自動化船に乗り組む船員の労働と生活に関する研究―新しい船員職業の設計―」の 3 年間の計画書を提出していた。それは初年度として欧州先進海運国における船員制度に関する研究の実態調査を盛り込んだものである。これと関連させて、5 日後に二人で作成した「新鋭高速専用船における生活と集団機能との関連についての調査研究」の計画書を提出した。これを渡邊さんは海運中核 6 社（日本郵船、大阪商船三井船舶、川崎汽船、ジャパンライン、山下新日本汽船、昭和海運）に持ち込んで運輸省の予算の代わりとして援助を求めた。これは「海上労研は個々の船会社からの委託だけではなく、船会社全体に寄与するような事業をやるべきである」という過去の業務専門委員会や常任理事会における発言を活用した作戦であった。中核 6 社の海務重役会議（海運会社で海務を担当する専務取締役または常務取締役の連絡会、この下に 6 社海務部長会議がある）はすぐにこれを受け入れて共同で 300 万円を拠出することを決めた。「運輸省に代わって」は効いたようである。ただこの折衝の過程で過去の不満を口にする海務重役もいたとのことで「いやぁ、前回の調査に関連して海上労研への批判が強いので驚いたよ。今後は私の責任で研究に当ると明言しておいた」と所内会議で渡邊さんは披露した。過去の委託の進め方や報告書に問題があったようであるが「前回の調査」がどれであるかを具体的に口にしなかったあたりは流石である。

8.1.4　48 年度事業計画と予算の成立、賃金改善に 1 歩前進

　日本海事財団は申請額を減額したものの 968 万円という高額の補助を初めて認めた。

　このような経過を辿りつつ 1973 年 3 月 28 日の理事会で 48 年度事業計画と予算が成立した。賃金も公務員給与 1 年遅れにまで回復した。渡邊さんはこの 1 年遅れも解消しようと考えたがそれが叶わなかったことが非常に残念で、次年度の自分への課題としたようであった。

　総務部は一人減員して 3 人体制となった。これも渡邊さんの作戦の一つだった。着任して直ぐに近親者を嘱託として総務部に入れ、年度末でこの人を減員した。「私が専務理事を引き受けた時の約束は 2 名減員だったが、今回の措置で減員関係は終了したとして船員局の了承をとりつけた」と所内会議で報告している。

［新年度のスタート］

　48年度（1973年度）の事業は、次の通り渡邊方式によって研究員が取り組みたいテーマにほぼ初めて研究費がついたものを含んでいた。そうして後に海上労研への外部の評価を著しく高めたものもある記念すべき年度なので記しておきたい。

①超自動化船に乗り組む船員の労働と生活に関する研究　第1年度　—欧州諸国における将来の船員制度の調査・研究の実態—　（日本海事財団補助事業）

②新鋭高速船における生活と集団機能との関連についての調査研究　（中核6社委託事業）

③有害物による船員健康検査基準に関する調査研究　（日本海事財団補助事業）

④騒音、振動の許容基準に関する調査研究　（日本海事財団補助事業）

⑤外航船における船内食料消費動向調査　（日本海事財団補助事業）

⑥寒冷漁場における労働科学的調査　（水産庁委託事業）

⑦船員福祉に関する調査　第2年度　（日本船主協会補助事業）

⑧船員の体育に関する研究　（某海運会社委託事業）

　4月に入って、各研究員はそれぞれ担当する48年度事業の実施準備に当っていたが、渡邊さんは4月27日までに49年度事業計画を提出することを研究職員に求めた。10日間しかなかったが既に前年度末までにある程度用意していた研究職員は、研究の持つ学問的・社会的意義、研究内容、方法はもちろん経費の詳細な見積もり、年間の実施スケジュールなどを含んだ資料を期限までに提出した。年度初めに次年度の計画を出させるのも、それを短時日で実行することを求めるのも渡邊流である。渡邊専務理事・所長は各研究職員の意向や計画を早めに把握しておいて、運輸省をはじめとする関係者にそれとなく伝えて理解を求めるためのいわば地均しに活用するというやり方をすることを就任以来何度となく所員は見ていた。

　渡邊さんが就任してからの10ヵ月の間にやり遂げた主な事項は以上のとおりで、これによって海上労研は再建された。再建されたというよりは本来あるべき運営体制が確立されたという表現の方がより適切ともいえよう。研究所内の雰囲気はすっかり変わった。

　これで海上労研は後に記すように海運界、船員界で改めて「役に立つ」存在になっていく。

8.1.5 「常任理事会決定」はなんだったのか

　次にその後の状況を記す前に「常任理事会決定」はなんだったのか、両専務理事の解任と規模の縮小は何故起きたのかを考えておきたい。

　前任の専務理事が「常任理事会決定だ、これがいやなら辞めていけ。海上労研は研究員を育てるところではない。自主研究なんてもっての外だ。研究員の仕事は業務専門委員会が決めたことをやることだ。」と強硬に所員に迫って所員の神経を逆なでしたのは僅かほぼ1年前だった。幸いにして「常任理事会決定」をはじめ前専務理事から示された研究職員には理解できない研究所の運営方針は新専務理事・所長の努力で無効となった。結局、両専務理事の解任と規模の縮小は何故起きたのか。

　ここから先は私の推測である。何も根拠となる記録が公式にはもちろん非公式にもないからである。

　そもそも財務状況基盤が確かなものではなかった上に降ってわいた予定外の事務所経費の大幅な増大に専務理事も監督官庁も対応できず、所員に極めて低い賃金状態のまま過重な委託調査を負担させて運営資金を得ようとした。短期間ならともかくそれが長期にわたったことは、生活が破綻し始めて耐え切れなくなった所員によって労働組合を結成させてしまった。このことにより専務理事は外部から大きな批判を浴び、最低限必要な運営資金の獲得が一層困難になった。そこで下田専務理事は規模縮小策で切り抜けようとして、研究職員が研究能力などを持ち合わせていないにもかかわらず自主研究に専念したいなどと勝手なことを言って委託事業を拒否しているからこういう状態になったと常任理事たちに告げた。それを信じた一部の理事たちは憤激して「常任理事会決定」となった。

　ところがだんだんに研究所の実態が外部に理解されるようになっていった。「どうも専務理事の説明の通りではないようだ」という見方が出てきて、公式にではないが研究職員から話を直接聞こうとする人たちが増えていった結果でもある。なかには有力な常任理事もいたことは既に紹介したことである。

　またこうした状況に至る間には実はこんなこともあった。ある日、私の運輸省航海訓練所の入所同期生3人が「大変な中で頑張っているらしいから」と慰労会を開いてくれた。いろいろと研究所の様子などの話をして暫く時が過ぎたあと「ところで変な話が運輸省の中に密かに広まっているのだけど」と一人が言い難そうに、しかし真剣な眼差しで口にした。それは「大橋（私）が運輸省出身のX氏を研究所内で殴った」という話だった。同期生は「大橋が人を殴るなんてことをする筈がないし、もし本当に殴ったとすれば余程のことがあったに違いない。だとすれば同期として放っておけない」と続けた。慰労会は口実でこれを確かめたかったのである。初めて耳

にする話でありそんな話が広がっているとは全く知らなかったので非常に驚いた。私のそんな様子と多少の説明からよくある「ためにするデマ」とみんな直ぐに納得してくれた。彼らなりにデマの発信源に心当たりがあるようだった。解散するとき「慰労会って言ったじゃないか」と割り勘も無しにしてくれた。それも嬉しかったけれど「とにかく頑張れよ、俺たちでできることはするから」と一人一人がしっかりと握手してくれたのはもっと嬉しかった。同期生はもう一人いたが、彼はマレーシア政府の顧問として海事教育制度の整備のためクアラルンプールに駐在していたので参加できなかったが、後に激励の手紙をくれた。

　「慰労会」から数日後、運輸省のある補佐官から「ある調査研究をすることになったので、方法論などを含めて意見を聞きたい」という要請があり、参加者も指定されていた。決められた日時に行った先は運輸省の1室で10人位の人が硬い表情で待っていた。中には親しい人もいたけれど、そんな様子は見せなかった。私以外の研究所側の出席者はみな初対面であった。そのうちの2、3人が主にいろいろと質問してきた。「ある調査研究云々」が明らかに口実であったことは質問の内容からすぐに分かった。要するに「問題所員」と下田専務理事から聞いている研究職員が実際にどんな奴か一度会ってみようということだったのだ。最後は「今日の話を参考に省内で検討する。以後の問い合わせにも対応して欲しい」の言葉で終わった。つまり当然のことながらこの「面接試験」には出席した所員の全員が合格したらしい。このことにより下田専務理事のそれまでの説明や判断に対する不信の念が強まり、その見解はすぐに有力な理事や常任理事に伝えられたようだった。それ以降になると有力な常任理事や業務専門委員たちからの私たちへの接触が増えたからである。この「面接試験」の実施に先の同期生たちの働きがあったのかどうかは今に至っても不明である。

　他にもいろいろなことがあったのだろう。有力者たちは両専務理事を更迭することを決めた。しかし財務基盤が弱いことは事実であるし、再建するにも規模縮小は一つの選択肢で少しでも身を軽くしたいと考えたとしても不思議ではない。それを辞めていく専務理事にやらせようとして「希望退職の募集」となり、誰も応じないことが分った時点でいわば指名解雇的な振る舞いに至ったと思われる。誰を指名するかについても専務理事だけの判断だったとは考え難い。

　「常任理事会決定」は常任理事の総意によるものではなかったことは確かなことであり、下田専務理事が考えた弥縫策に西部所長が抵抗しきれずに引きずられた結果だったのではないかと私は考えている。下田専務理事は労働科学に対してはもちろん研究にも船員の労働にも関心はなく、ましてや研究所を盛り立てようなどとの考え

の持ち主ではなく、その言動はしばしば味方を失うばかりか敵を作った。もし二人専務理事制ではなく西部先生一人が専務理事・所長であれば危機を回避する方策も異なり、理解者、支援者を得て、あれ程の混乱を招かなかったのではないだろうか。先生は海上労研ができるまでは労研で研究に必要な資金を獲得してきた実績があることは既に記した通りである。

　研究所の実際の仕事内容にも「常任理事会決定」を招いた要因があったのであろう。渡邊さんが運輸省が予算化できなかった事業を海運中核6社に肩代わりするように求めた際に前回の調査に関連して海上労研への批判が強くて驚いたことは既に紹介した。その批判が当を得ているかどうかは別として、委託事業に追われていた4年前の1969年の3月の所内会議である研究員が「海上労研は研究所か、調査所か。設立以来、労働科学とは何ぞや、これを勉強する機会が常になかった。今みたいに委託にだけ追われていると、やがて粗製乱造となり海上労研に対する外部の評価が決まってしまってあとやり難くなる恐れがある」と海上労研の将来を懸念した発言は杞憂ではなかったのかもしれない。

8.2　海上労研への評価を変えた渡邊体制での最初の報告書
　それは1974年の3月に出された「超自動化船に乗り組む船員の労働と生活に関する研究（第1年度）―欧州諸国における将来の船員制度の調査・研究の実態―」である。[21] A4版108ページのもので、昭和48年度の日本海事財団の補助事業として57日間、欧州の先進海運国6ヵ国において65人の学官労使の関係者にinterviewし、個人の机の引き出しにある資料なども収集してまとめたものである。内容は乗組員の統合、外国人船員、career development、教育・訓練、技術の変化、安全、需給、会社機構、実験的試み、などに亘るものであるが、ここに書かれたことの多くは当時の日本の海運界や船員界などで考えられていたことと異なるものだった。特に、航海士と機関士の統合、甲板員と機関員の統合などは欧州のどこでも実行段階には入っていないという報告は、日本では諸外国に比べて遅れているという「常識」を覆すものだった。他の報告内容も同様で、国の政策の見直しの必要性を結果的に指摘することとなった。それまで先進海運国の実情を運輸省に説明してきた大学人の中には報告書の信憑性を疑う人も少なくなく、なかには確認のために急遽欧州に出向いた人もいたが結果はどれ一つとして否定できなかったと伝えられ

(21) 大橋信夫他、超自動化船に乗組む船員の労働と生活に関する研究―欧州諸国における将来の船員制度の調査・研究の実態―、海上労研、1974

た。渡邊所長は「遊んでくれば良い、と思って出したらどえらいことをやってのけた」
と口にした。

　担当者は日本船主協会、全日本海員組合、主要海運会社などこの問題に関係する
多くの機関や団体に呼ばれて口頭報告を求められ、質問を受けることとなった。ま
た海上労研の理事や常任理事たちにも説明を求められた。その中には元運輸省の高
官もいた。

　影響の大きさは担当した者にとっても意外なものであったが、この報告を契機に
海上労研を見る目が変わったことを実感した。

　ここで余談を一つ。補助事業として最終的に申請する際に手違いがあって航空運
賃が一人分しかなかった。その頃は格安航空券などが無い時代だが、Aeroflotだけ
がほぼ半額だったのでそれを購入した。旅費は乏しく、朝食付きの安ホテルで朝は
目いっぱい食べて昼食は抜き、夕食はスーパーマーケットで買ってきたパンとチーズ
とハムに野菜ジュース！　夏だったので温かい食事にありつけなくても不自由はなく、
それはそれで面白かった。

8.3　新らしい船員職業の基本設計への取り組み

　1973年から1976年にかけて取り組んだのが「新らしい船員職業の基本設計」だ
った。

　渡邊所長が1972年に着任した3ヵ月後の9月に青木修次さんと私で新しい研究
計画を簡単なメモをもとに次のように所長に説明した。船員を「船の中で仕事をする
人」とだけしか捉えてこなかったことに、これまでの職務の再編成とか船員制度の
変革と呼ばれたものが関係者の間で合意されなかった原因がある。そこで「船の中
で生活する人」として捉えた上で船員職業の将来像を求めることに取り組みたいと
し、目的は何年にも亘っていわば閉塞状態になっている船員制度問題について広く
関係者の間で議論できる素材の構築を試みることであると説明した。また先ず直ぐ
取り上げる予定の具体的な内容も付け加えた。メモを子細に読み、説明を熱心に聞
いた渡邊所長は、全体として賛意を示した上で、この研究に取り組んで何らかの成
果が上がった場合に、その成果を世間が使い易いようにするやり方もあるのではな
いかと指摘した。さらにもしそういうやり方をするのであれば、所長自身が二人の研
究に参加したいという意志を示した。その意味は世間の役に立つと所長が判断でき
る成果が上がった場合には、所長自身が世間に働きかけをする。そのために平素か
らこの研究にコミットしていくということだった。私たちとしても海技や海事教育に
関して所長の持つ専門知識や経験はもとより関係官労使に大きな影響力を持つ所長

の参加はこの研究を進める上で大きな力になることは明白であったので三人で進め
ていくことにした。さらに議論を続け、この研究のテーマとおよそ3年位で第一段
階での目途をつけるつもりでやることを決めた。

　なお所長はこの研究の予算化を図る過程で、運輸省の高官から3年では遅い、1
年か2年でやってくれないかという要請を受けたが「そういう気持ちも分かるし、確
かに早い方が良い面もあろう。しかしうちの研究員が少なくとも3年、それでもどう
かと言っているものが、そう簡単にいくものではない」と説明したことがあったようだ。

　青木さんと二人で折にふれて研究の進捗状況と次のステップの予定を所長に報告
したが、その際に質問は必ず出たが私たちの答えに「なるほど」、「そうか」というだ
けで指図がましいことはほとんど口にしなかった。しかし時には適切な助言を得た
こともある。例えば、海技資格と海事教育の関係などの見直しを具体的に進める作
業が困難で私たちが足踏みしていた時「現行の海技試験制度は多少の問題はある
が、一応うまくいっているという仮定をおいて作業を進めてみようではないか」と言
って、この領域で豊富な経験を持つ人々の協力を得られるようにして作業を進めたこ
ともあった。このように研究し易い環境を用意することに関して渡邊さんは非常に積
極的であった。

　こうした動きを通じて「シュンドーがなんかやってるらしいぞ」という話が期待を
込めて関係者の間で広まっていった（渡邊俊道さんのことを多くの人が親しみと尊敬
をこめて「シュンドー」と呼んでいた）。海運中核6社の海務部長会議で、6社から
の委託事業として実施したニューヨーク航路の高速コンテナ船の乗船調査の結果
を報告した際には、皆がシュンドーの動きをよく知っているので「船員制度の研究は
おおいにやって欲しい、必要な資金は出す」という発言までで出たほどだった。1年
前に「前の委託」に苦言を呈した人たちの大きな変化である。

8.4　渡邊専務理事・所長が顧問に就任した後の「新らしい船員職業の基本設計」

　渡邊さんは3年目に入った1975年6月に健康上の理由から専務理事・所長を退
いたが顧問として残った。ただただこの研究にコミットするためである。私たちの報
告や質疑は豪徳寺境内にある渡邊顧問のお宅で続けられた。体調の良い時間とい
うことで午前10時頃や午後3時頃にお邪魔することが多かったが、帰る前には取
り寄せて下さった昼食や夕食をご馳走になった。季節によっては奥様お手製の美味
しい瓜の奈良漬が添えられた。

　1975年の9月末になって一応の検討が終了した段階で顧問からそれまでの研究
成果を「超多忙な人にも手に取ってもらえるような簡単なメモを作成しないか」とい

う提案があった。この問題に関係する主だった人に顧問自身が説明して意見や受け止め方を得る際に使うためのものである。直ぐにも取り掛かりたかったが、ちょうど別の仕事、日本郵船自身が進めた自社船員の意識調査や設立されたばかりの日本海技協会の仕事の手伝いに追われていて、実際に原稿を仕上げて所長に提示したのは12月の初めだった。実は11月の末に公共企業体等労働組合協議会（公労協）が打ったスト権ストと呼ばれた当時の国鉄の大ストライキのために1週間にわたって通勤できないという事態が生じた。まさにこの期間を利用して自宅で通勤時間に当てる時間も費やして執筆に専念できた結果であった。

　ストが終わって直ぐに所長宅に持参した。いつものようにゆっくりと子細に読んだのち「直ぐ印刷するように」と指示がでた。1字も1句も修正は求めなかった。こうして出来上がったのが1975年12月に発行した「新らしい船員職業の基本設計に関するメモ」[22]だった。A4版、13頁で内容は、序章、船員職業の再検討の必要性と今日の職業環境の変化とのかかわり、将来の船員職業が具備すべき基本的条件に関する提案、将来の船員制度の基本的枠組みに関する提案、将来の海技資格と海事教育システムに関する素案、おわりに、の5章からなるものであった。序章で強調したことは、この構想は関係者が一堂に会して、将来を模索するために何らかの「共通の基盤」を設定するための素材であるという点だった。またこの構想の目的は、それまでにあった複数の構想にみられた「合理化」、「生産性の向上」、「国際競争力の強化」、「船員労務の再構成」といった内容を目指すものではなく「船員という職業を職業としての魅力を高めること」であるとした。

　渡邊顧問は病をおして、このメモを手に担当者を帯同して運輸省、日本船主協会、全日本海員組合、有力海運会社などをはじめとして、日本船長協会、日本航海士会、日本機関士協会などの船員職能団体、外航労務協会、全日本船員協議会、日本海技協会、海洋会などの船員・海運諸団体を個別に訪れて構想を説明すると共に、大きな変化の導入に対して関係者の合意を得るためには、RD方式を採用することが必要であることも説いた。RD方式とはResearch & Development方式で、実験をしながら前に進もうとするもので、欧州で大きな変化を導入しようとするさまざまな試みでも用いられていたものである。

　全日本海員組合を訪れた際には、揃って待っていた組合長をはじめほとんどの中央執行委員に渡邊さんは熱心に語りかけた。質疑にも真剣に答えた。話を終えて帰ろうとした時、組合長が「渡邊先生、折角ですから」と言って全員で近くのステー

(22) 渡邊俊道他、新らしい船員職業の基本設計に関するメモ、海上労研、1975

66

キハウスでお昼を一緒にすることになった。私もお相伴に与かった。その食事が終わった時の渡邊さんの様子は忘れられない。「みんな有難う。揃ってじっくりと話を聞いてくれた上にこんなご馳走までしてもらって申し訳ない」と本当に嬉しそうにお礼の言葉と共に頭を下げた。なおこの時のことは後に発行された渡邊さんの追悼録「渡邊俊道君を偲ぶ」の中で当時組合長だった村上行示さんも紹介している。

こうした説明を通してメモに関する各界のそれぞれからの意見を求めると共に今後の進め方を探った。そうして大筋各界から受け入れられるとの顧問の判断により、メモに若干加筆したものを作成した「新らしい船員職業の基本設計に関する概要」[23]を5ヵ月後の1976年5月に発行し、広く配布した。A4判、22頁のものでこの内容は後に関係者の間で「渡邊構想」と呼ばれるようになった。

渡邊構想と呼ばれるように
なった報告書

これによってこの基本構想は海上で働く現役船員も含めて広く関係者の知るところとなり、この方向で運輸省が予算を確保して議論を進めようとする機運が盛り上がってきた。しかしこの頃になると渡邊さんの健康状態は思わしくなくなり、夕食時になっても自分は食べないこともあり、大好きなお酒は養命酒1杯になっていた。親しい碁友には「好きな碁も、この頃は疲れてうてなくなった」と漏らしたと聞いている。それでも私たちとは熱心に議論し、状況を分析し、次の働きかけを模索した。

「概要」を配布してすぐに、この研究の一環として在来雑貨船の労働と生活の実態を把握するために私は地中海航路の在来型の貨物船に乗船した。約1月後にイスタンブルに着き、ここで待っていた青木さんと交替した。「最近、渡邊さんがすぐ

(23) 渡邊俊道他、新らしい船員職業の基本設計に関する概要、海上労研、1975

怒るんだよ、体調のせいなのかなぁ」と私の乗船後の渡邊さんの様子を教えてくれた。一度も叱られたことがなかった私には信じ難いことで、よほど体調が良くないのかと非常に心配になった。帰国してすぐ報告のため渡邊顧問宅に伺った時は一月前に比べて体調は相当芳しくない様子だったが、在来雑貨船の様子をいつものように質問を交えながら穏やかに熱心に聞いた後、今後の進め方についての助言があった。帰り際に奥様から「ずいぶん待ち遠しかったようですよ、お帰りが」とのお話があった。7月2日のことである。

　なおこの日の午後に私は桐原葆見先生を記念した桐原賞を虎ノ門の教育会館で森戸辰男さんから授かった。ニューヨーク航路のコンテナー船の乗船調査で実施したevent studyが主な受賞理由だったが、以前に5時過ぎてからでないと取り組めなかった研究も含まれていた。これを契機に私は主任研究員となった。

8.5　新らしい船員職業の基本設計の具体的取り組みの開始

　それからはほぼ毎日のようにお邪魔して打ち合わせをした。議論になると眼差しは力強いものとなった。渡邊さんはそんな体調のなかでも関係者へは電話は続けていたようである。この頃には官労使はこの構想の実現に向けた取り組みを始める方向に向かって合意していた。1976年6月16日の日本海事新聞は"動き出した「船員政策」"との見出しで「すれ違い論議に終始していた海運労使が初めて共通の課題を設定し具体的に問題を詰めていく土俵をつくった」と報じ、労使でかわした覚書を紹介する記事を掲載している。そうして1977年度から官公労使の共同の実験プロジェクトを展開する予算措置が運輸省の手で図られることとなった。もちろん実質的リーダーが渡邊さんであることも官労使の暗黙の了解となっていた。

　「先に少し光が見えてきたなぁ」と渡邊さんは非常に喜んでいた。しかし7月14日に入院となったが、病床にあっても実験プロジェクトの準備状況を気にして報告を待っていた。8月の初めに奥様とお嬢さんが付き添っていた病室で、それも面会謝絶の中で特別にお会いした私に「これからいろいろあるだろうが、あんたは自分の考えで行動すればよい、自信を持ってな」と言って下さった。その1週間後の8月7日に逝去された。葬儀の準備をしているなかで、勲二等瑞宝章が贈られるという連絡が伝えられると、渡邊さんと少年の頃から親しかった豪徳寺の住職は戒名の院号に「殿」を加えて院殿号とした。

　余談であるが渡邊さんの逝去を機に私は煙草を止めた。当時、相当なheavy smokerで毎日1箱の紙巻煙草に加えてパイプ煙草、シガレロなども喫っていた。青木さんと調査を交替して下船したイスタンブルで海泡石から彫り出したパイプを購

68

入した。最初は真っ白だが親子3代で喫うと奇麗な琥珀色に近い色になるといわれているものである。そこで真っ白の状態を家族に見せてから使い始めようと思ってそのまま持って帰った。それは45年以上も経った今も真っ白である。渡邊さんが逝去されたことを記念して葬儀が終わった直後に私は煙草を断ったからだ。私が今も健康でいられるのも渡邊さんのお陰である。

　話を戻すと、渡邊さんが逝去されてから半年後には、3年間の研究をまとめた「超自動化船に乗り組む船員の労働と生活に関する研究　―新しい船員職業の基本設計―」、[24]が発表された。

　逝去されたことでその後の展開に直接影響を与えることは叶わなかった。しかしこの構想が世に出たことによって、閉塞状態から抜け出して、船員職業や船員制度問題が広く関係者のなかで議論される契機となった意義は大きかった。「あくまでも議論を開くための素材」と位置づけたこの研究はその役割を果たしたのである。またそれだけではなくこの構想の基本的枠組みとそれに対応した具体策の多くは、次に記す船員制度近代化プロジェクトの中で試みられ、現在の制度の中で現実になっているものも少なくない。

9. 船員制度近代化プロジェクトと海上労研の役割

　労使が合意形成に向けて議論する場の構築に情熱を傾けた渡邊さんの努力は、日本人船員によって運航される日本籍船を確保することを目的とした近代化プロジェクトとよばれるものの展開となって実を結んだ。すなわち1977年に運輸省船員局長の私的諮問機関という形をとって、官公労使の代表者からなる船員制度近代化調査委員会が発足し、船員制度近代化とよばれるプロジェクト（以下、近代化プロジェクトと略す）がスタートした。

　委員会はまず船員労働の実態調査を実施した。官労使で共有できる「実態」を改めて入手するためであった。調査は、1977年と1978年の2年間にわたって乗船調査と海外現地調査が行なわれた。

　乗船調査は、全日本海員組合と海運中核6社から航海士、機関士、通信士の合計6名が海上労研に派遣されて、調査方法、分析や報告書の書き方などについて学んだのち、海上労研の研究員と共に船種の異なる6隻について分乗して行われた。

---

(24) 渡邊俊道（寂）・大橋信夫・青木修次、超自動化船に乗り組む船員の労働と生活に関する研究　―新しい船員職業の基本設計―、海上労研、1977

　なお2年目に実施された西ドイツ船の調査には1名の航海訓練所の航海士が船員局の事務官として参加した。

　外国現地調査は官公労使の代表で構成された調査団が訪欧した。なおこれに関連する余談を紹介したい。北欧の船主協会の友人から私に「官公労使の合同調査団がくるという知らせを受けたがどういうことか」という問い合わせがあった。彼とは1973年の調査で会って以来親しくしてきた仲である。彼からすると、立場も役割も機能もしたがって問題意識も異なる筈の人たちが一緒になって訪問してくる真の意味が理解できなくて、どう対応するか困惑していたのである。説明し難いことは私も同様であったが、2、3度、速達をやりとりしてなんとか納得してもらったつもりだったがそうではなかった。調査団の訪問を受けたあと「結局何をしにきたのか分からなかった」と手紙をくれた。

　乗船調査であれ海外現地調査であれ、要するに官公労使が一緒に入手した資料をもとに議論を進めようということだったのである。

　こうして把握された官労使で共有できる船員の労働の「実態」に基づいて協議した結果、乗組員組織の近代化を目指して本格的に取り組む必要性があることが官公労使で確認された。2年間の「実態」調査にあたった船員制度近代化調査委員会は1979年3月に解散となり、1979年4月には官公労使で組織する船員制度近代化委員会（以後、委員会と略す）として新しく発足した。

　海上労研の研究者は、調査方法の指導という役割は終ったとして、新しい委員会にはもとより下部機構であるワーキンググループにも参加を求められなかった。

　このことは海上労研にとっても有益なことだった。なぜなら委員会は、その設置の趣旨を「日本船員が運航する日本船舶が国際海運界において比重を増し日本船員の職域が確保される条件を整備する必要がある。このため、船員制度のあるべき姿を探求しつつ（中略）それらの結果を海上安全船員教育審議会の審議に反映させるものとする」としたからである。これには私たちは首を傾げた。そもそも前身である近代化調査委員会の設置に当たっては、日本人船員によって運航される日本籍船を確保することを目的としていた。それがいったん議論する場が生まれるとすぐに目的を変えたことに強い違和感を覚えたのである。これは官労使で協議をするということを実現させた渡邊構想が目的として掲げたのは、既に記したように「合理化」、「生産性の向上」、「国際競争力の強化」、「船員労務の再構成」といった内容を目指すものではなく「船員という職業を職業としての魅力を高めること」であるとしたこととは大きな隔たりがあったからである。

　近代化委員会はその後、海運会社の協力を得ながら実験的な調査を重ねていっ

70

た。1980年5月には仮説的船員像を発表し、将来の目標と移行過程およびそこに至るまでの実験計画を明らかにした。実はこの仮説的船員像の柱は、渡邊構想の基本構想であった。この仮説的船員像を「策定」するに際して、委員会委員の一人から「海上労研がまとめた構想で提案されている考え方を仮説的船員像の基本として使いたい。しかし引用した形ではなく、当分の間、委員会が独自に策定したものである形にしたいので、了承して欲しい」との内容の要請が私に電話で伝えられた。海上労研ではこれについて検討し、渡邊さんなら了承するだろうと考えて受け入れたのである。もっとも渡邊さんなら何か条件を付けたかもしれないが当時の海上労研にはそんな力は無かった。

　時期が前後するがここでその後の委員会について記しておく。

　委員会は乗組員数を減らすために船舶の技術水準を上げて大幅な自動化などを導入することも試みた。近代化仕様と呼ばれこの仕様をクリアーして新造された船は近代化船と呼ばれた。この近代化船で相当にドラスティックな少人数化の実験も試みたが、8名にまで減らしたとしても日本人船員では国際競争力を維持できないことが明らかとなった。そうして人件費の安い外国人船員との混乗方式を取り入れざるを得なくなり、1993年からは混乗近代化実験なるものを開始した。海運界では既に実行に移してからだいぶ経ってからのことである。というのはこの6年前の1987年に私は日本人と韓国人との混乗で運航する近代化船で乗船調査を実施していたのである。（この混乗については後に記す。）

　結局、日本人船員による日本船を運航するという初期の目的を果たすことができずに委員会は1997年に解散した。

　この委員会は解散するにあたり、20年間にわたる委員会活動を記録した「船員制度近代化—経緯と今後の方向—」と題した400ページを越える詳細な報告書[25]を刊行した。しかしここには渡邊構想にも、実際の調査の実施に当たって海上労研の果たした役割にも、仮説的船員像を「策定」する際の経緯についても、一言も記されていない。乗船調査に必要な調査方法もプロジェクトを進める枠組みとなる仮説的船員像の基本的考え方もどうしても官労使が協力して委員会において自ら導き出したものとしなければならなかったことに、当時の微妙な官労使の関係を窺い知ることができる。その後、関連団体・機関などから出ているプロジェクトに関する資料にも私が見る限り渡邊構想にも海上労研にもふれていない。

　船員制度近代化委員会が発足する契機となったのは1976年に発行された海上労

(25) 船員制度近代化—経緯と今後の方向—、船員制度近代化委員会、1997

研の報告書でありそれに基づいた渡邊俊道さんの活動であったが、1997年に委員会が解散されるに至る20年余の間に忘れられたのかもしれないし、あるいは意図的に表には出さなかった（出せなかった）のかもしれない。

　しかし海上労研の果たした役割はこの時期には広くよく知られていたことである。それは先にもふれた渡邊俊道さんの追悼録で多くの人が渡邊さんの果たした役割を紹介していることからも分かる。また私自身も1979年3月19日に開かれた近代化調査委員会の懇親会の席上で日本船主協会の船員制度特別委員会の委員長（元運輸省官房長）だった壷井玄剛さんから「あんたのいうとおりになったじゃないか」と声をかけられている。

　私にとっては個人的なメリットがあった。その一つはこのプロジェクトの一環であった外国船の実態調査として、当時の西ドイツのコンテナー船に東京からハンブルクまで1ヵ月乗船できたことだった。調査を離れて個人的に勉強になったことがたくさんあった。運輸省の係官が一緒だったが、そうでもなければ外国船の調査などはかなり困難だったろう。またそこで出会った乗組員のうちの何人かとは特に親しくなり、入港すると鎌倉を一緒に歩いたり我が家に泊まっていったりするような親しい関係が調査後10年以上も私が長野に移動するまで続いて楽しかった。なによりも西ドイツの船員事情の変化を居ながらにして知ることができたことはラッキーだった。

　なお1976年には創立10周年を記念して抄録集を発行した。

　1979年に海事センタービルに移転して、砂防会館の高額の事務所経費から解放されたことは、この時期の重要事項として記しておくべきであろう。

　またこの1976年には後に海上労研に最後まで残って資料等の保存に努力した村山義夫さんが勤務を始めている。第二部、第三部の執筆に必要な知見を提供してくれた人である。

10. 1980年－1985年　混乗船における労働と生活の研究

　船員制度問題について関係者が一堂に会して議論する場の構築を試みるとした船員職業の基本設計に関する研究の目的は一応果たしたので、海上労研が次に取り組んだのは混乗問題だった。1973 年に欧州の先進海運国で調査を行なった際に、この問題が熱心に、しかし密かに研究されていることを知った。EC の拡大でいずれスペインやポルトガルも加盟するであろうし、そうなると今までのように外国人労働者として安く使えなくなるため新しいソースを獲得する必要があるので熱心に研究していた。しかし東欧人とアジア人のどちらが例えばスウェーデン人にとって使い易いかなどということをあからさまに研究すれば人種差別とか民族差別といった批判を浴びかねないので密かにしていたのである。それを知って以来、日本でも混乗問題にきちんと向かい合う必要性があると考えていたことだった。

　日本人による日本籍船を運航してきた日本の伝統も実は 1965 年頃から崩れ、近海船において違法、協約違反という形をとりながら密かに始められた混乗方式は、やがて外航船においても密かに増加していった。正式に混乗が認められたのは、1975 年 3 月に就航した日本人 4 名、インドネシア人 17 名、香港人 14 名の合計 35 名が乗り組むリベリア籍のタンカーのアストロ・ペガサス号（89,870 重量トン）であった。これを契機に混乗船は一気に増加することとなるが、官労使ともにどこかあまり公に話題にしたくないような雰囲気を醸し出していた。

　そのため混乗船における乗船調査の実施を計画した時には面白いことがあった。官労使から共通して要望のある事業には予算が付くようにした渡邊専務理事方式にしたがってこの研究計画を三者に事前に説明して回ったときの話である。日本船主協会は「我々は混乗船をどんどん増やすつもりはないが、実態は知りたい。しかし船主は混乗を強化しようとしていると全日本海員組合にとられては困るから協会として推すわけにはいかない」と応答した。その全日本海員組合は「混乗船の現場で仲間が苦労している。その実態を我々もきちんと把握したいので賛成したいが難しい。組合が混乗に前向きになったと船主協会にとられては困るからだ」だった。運輸省は「実態は知識として知りたいが、日本にはない混乗船の調査に国として積極的になるわけにはいかない」だった。確かに混乗船の船籍は便宜置籍されたリベリアやパナマだから日本には混乗船はない。それぞれの公式見解と真意が分かったので、また三者の間を何度も回って説明を重ねた結果、幸いに予算がついた。

　そこで 1980 年の 2 月に、日本人 6 名と 24 名のフィリピン人が乗り組んだ在来型の雑貨船に服部昭さんと乗船して日本からギリシャまで 1 ヵ月にわたって調査を実

施した。またギリシャから帰国する際にマニラに 48 時間寄って集めた資料に基づいて、フィリピンの歴史、文化や価値観、行動原理などの簡単な解説とフィリピン船員の概況を第 1 部として[26]、乗船調査で観察した労働と生活の実態を第 2 部として[27]報告書を発行した。反響は大きかった。問い合わせが研究所に殺到し、報告書の追加送付の要請も多く、増刷して配布するという海上労研としては初めてのことが起きた。報告書を出した直後の 1981 年 2 月 20 日には全日本海員組合の中央執行委員や先に述べた「常任理事会決定」をめぐって混乱した時期に常任理事だった人からも電話で好意的な評価が伝えられた。また同じ日に先に述べた「近代化」がスタートする時期に日本船主協会に設置された船員制度特別委員会の委員長だった（この時期には船員雇用促進センター理事長になっていた）壺井玄剛さんも「良くやった」と電話してきてくれた。立場の異なる 3 人の方から同じ日にわざわざ電話を頂いたことはずいぶんと励みになった。また講演依頼も多かった。「海上労研がやっと汚れ仕事もやってくれるようになったね」などと言ってくる海運会社の人もいた。汚れ仕事という表現に驚いて尋ねると「実務的には必要だけど、船会社としてはあまり公にしたくないこと」だと説明された。

　これが弾みとなってこの研究は進め易くなり、なかには自社で雇用したフィリピン人船員の大量の履歴書を提供してくれる海運会社も現れ、これを分析することによりフィリピン人船員の海事知識や海上経験の実態や雇用に当っての問題点などをまとめることができた。

　しかししばらくして面白いことが起きた。この混乗船の実態などに関する報告書を公刊して大きな反響を受けた翌年の 1982 年の 2 月のことである。当時の専務理事から「次年度以降の研究計画の提出を控えるように」と言われた。なんでも私が研究計画を出すと必ず予算が認められるので他の研究員に予算がつかないからということだった。この専務理事は渡邊専務理事から 2 代後に就任した人で労働科学には勿論、学問にも研究にもさして関心がある人のようには見えず、議論も好まず、上意下達が組織運営の大原則と考えている、というよりそれしか無いと思っている人なので抵抗しなかった。なにしろ文部省の科研費の申請書類に必要な所属長の承認印をもらおうとすると「なんでうちが文部省の仕事をする必要があるのか」といって

(26) 大橋信夫、服部昭、混乗船に乗り組む東南アジア船員の生活行動と労働に関する調査研究　―フィリピン船員との混乗について―、第一部フィリピンとフィリピン船員について、海上労研、1980
(27) 大橋信夫、服部昭、混乗船に乗り組む東南アジア船員の生活行動と労働に関する調査研究　―フィリピン船員との混乗について―、第二部混乗船 A 号について、海上労研、1980

なかなか捺印しなかった人である。そんな人を相手に無駄なエネルギーを費やすことはないので言われた通り予算申請はしなかった。

　しかし私たちは混乗問題の研究を継続できた。それは幸いに 1984 年からトヨタ財団からの助成金を得たからである。お陰でかねてより親交のあった韓国、フィリピン、インドネシアの研究者が加わった国際共同研究として展開できるようになった。予算的空白は 1 年だけだった。船員家族への面接、アジア諸国の海事教育の実態調査、混乗方式の異なる船での乗船調査などを重ねることができた。また後には需要国である欧州の先進海運国の外国人船員対策[28]や供給国であるアフリカ諸国の雇用確保対策などの現地調査[29]もできた。

　でもこれを開始するに当たってはちょっとした工夫が必要だった。「トヨタの金でやるなら研究所の仕事ではない」とまた専務理事が言い出し、反論すると「俺の言う通りしないならやめていけ！」と放言したのである。私はまたまた官労使の三者を回って、研究所からも報告書を出すことを条件に、予算は付けないが研究所の事業としては認めてもらった。それ以来、専務理事と私との関係は冷えきって、廊下ですれ違った際に挨拶しても無言で、こちらに顔を向けることすらしなかった。よほど私が研究するのが嫌だったらしい。幸いに間もなく退任し、荒稲蔵さんが就任した。西部徹一先生のもとで学び、後に原子力船「むつ」の船長や航海訓練所所長を務めた経歴を持つ 3.2. で紹介したアラ、イネーゾーの荒稲蔵さんである。私の気分だけでなく研究所の雰囲気はがらりと変わって明るくなった。

11. 1985年－1994年　研究職員の転職、退職などが続く

　労研時代から活躍し、海上労研設立初期に入所した久我正男さんが 1985 年に退職して、これ以降海上労研からは医師による健康管理事業は無くなった。

　その 1985 年の 3 月末で服部昭さんが八戸大学に転出した。労研の漁業労働研究室から海上労研に入所して以来、さまざまな調査・研究に活躍した人である。近代化の仕事にも混乗の研究にも参加した。緻密な仕事ぶりと温厚な人柄を篤く信頼していた水産庁や大日本水産会からほとんど毎年委託を受けていた。海上労研への委託というより服部さんへの委託という感じだった。その報告内容は漁業セ

---

(28) 大橋信夫他、欧州における外国人労働者問題に関する研究－欧州の船員需要国における外国人船員について－、海上労研、1987

(29) 大橋信夫他、船員供給新興国に関する調査研究－モロッコを中心に－、海上労研、1988

ンサスにしばしば取り入れられた。彼のお手伝いで私も何度も一緒に漁業労働の調査に出掛けたが、予算の範囲内で最大の成果を上げるために惜しまない努力には本当に頭が下がった。200海里法制定の影響を三陸、能登、山陰で調査した際は、市役所や漁協から借りた自転車で毎日10km先、15km先の町村に通った。雨の中を20km近く走って宿に戻ったこともあったが、彼は「バスは本数が少ないし、タクシーは使えませんから」と平然としていた。乗船調査では乗組員から私と揃って怒られたこともある。寒冷漁場における労働負担調査のため2月に稚内港から出漁する沖合底引き船でのことである。たまたま炊事係が病気で下船していたので食事は各自が冷蔵庫からなにか出して調理して食べていた。しかし海は猛烈な時化続きで食器を持って立ったまま食べるような状態が続いた。テーブルに置けなかったからである。そんな中で食事をしている私たち二人を見て乗組員が怒りだした。「なんだ、てめぇーら！、俺たち本職が飯食えねぇーてーのに、昨日や今日乗ってきたど素人のてめぇーらが平気で食ってなんかいやがって！」と。彼も私も船には強かった。

　私が多大な迷惑をかけたことがあった。焼津を基地とする鰹船の調査の際、乗船予定の1週間前に私が尿路結石と分かり、出港までに排出されず乗船はドクターストップとなってしまったのである。1航海目は服部さんが一人で、2航海目は青木修次さんが代わって乗ってもらったという事態を招いてしまった。私は乗船はできなかったが水揚げ港に待機してサポートをしていた。しかし宿泊しているホテルで夜中に激痛に襲われることもあり、痛みが治まるまでビールを飲んだりして一人で過ごすのは些か辛い体験だった。

　服部さんは八戸大学へ移ってからは青森県や八戸市の水産行政などに関する審議会などでも活躍し、また先にも記したように後に副学長になった。

　1988年4月には22年間勤務した私が長野県立短期大学に転出した。荒専務理事が「教授では雑用が多くて研究はなかなかやらせてもらえないぞ」と警告してくれたが、優秀な助手のお陰で新しい研究を展開することができた。それは過疎山村で一人暮らしをしている高齢者の生活に関する研究だったが、乗船調査などで身に付けた研究方法を活用することで成果があがり、これで定年後に日本福祉大学に移れた。

　1989年には労研の海上労働研究室時代から活躍していた小石泰道さんと神田寛さんが定年となり、1年間は嘱託として過ごしたあと退職した。これで労研の空気を吸ったことのある所員は一人もいなくなった。

　1991年には服部さんの後任として勤務していた三輪千年さんが水産大学校に転出した。短い期間だったが漁業労働について優れた業績を残した。とりわけ1987

年にニュージーランドを基地とする大型いかつり漁船において一月にわたって乗船調査を実施し、労働の中心が漁獲活動から自動化や機械化になじまない漁獲物の選別・凍結作業に移行し、それだけに身体的負荷が大きい作業になっていることなどを明らかとした⁽³⁰⁾ことはその一つである。これらの業績をまとめて後に水産学の学位を北海道大学から授与された。本書の第3部と付表2の著者である。

　1992年には設立半年後に入所して25年に亘って勤務した青木修次さんが東京国際大学に転出し、1995年には同じく28年間に亘って勤務した篠原陽一さんが退職した。

　こうして設立後の早い時期に入所した研究職員は一人も居なくなった。それぞれの研究や専門を引き継ぐ後任はいなかった。その中で服部昭さんの後任となった三輪千年さんだけが唯一の例外であった。

　なお若い頃は海上労働科学の先達として活躍し、後に5年間専務理事として陰鬱だった研究所の雰囲気を明るくした荒稲蔵さんも1992年3月に退任した。研究職員と違って専務理事の後任は必ずいたが労働科学とはまったく縁のない人が続いた。その振る舞いについて多少は話として聞いてはいるが、その通りだとすれば私は在籍していなくて良かった。

12. 1995年－2008年　研究職員は2名となり日本海技協会と統合

12.1　海上労働科学の終焉

　転出や退職で規模が縮小し一時は4名にまで減り、その後新しい研究職員が加わって6名になった時期もあったが長くは続かず、2005年には僅か2名となった。

　2006年には1974年に設立された財団法人日本海技協会と統合、2007年にはさらに財団法人日本海洋振興会と統合し、財団法人海技振興センターとなった。国土交通省の方針によるもので、この一連の統廃合によって組織的な海上労働科学は終焉を迎えた。海技振興センターの事業として水先人の養成などを盛り込んだ8つの事業の1つに⑤として海上労働に関する労働科学的研究という文言がわずかに残っただけある。海上労研に最後まで残っていた村山義夫さんがここでしばらく活躍していたが、2015年を最後に退職した。

---

(30) 三輪千年他、海外出漁大型いかつり漁船における労働環境の調査、海上労研、1988

12.2　所蔵していた資料の行方

　村山義夫さんによれば、日本海技協会との統合の際に、過去の報告書のすべてをPDF化して現在は日本海技振興センターのホームページから読めるようになっているとのことである。この辺りのことは第2部に詳しく記されている。

　また私自身が所蔵していた労研時代の報告書[31]など、関連図書、乗船調査で撮影した大量の写真のアルバムなどは日本福祉大学を2001年に定年退職した際に、水産大学校の川崎潤二教授のご好意で保管を引き受けて戴いた。また労研の図書館にはすべての報告書が所蔵されていたが、2015年の図書館の閉鎖に伴って処分された。一部は法政大学の大原社会問題研究所が引き取ったようだが詳細な記録は残っていない。

13.　おわりに

　船員の労働と生活をより良いものにするための専門の研究所を持ちたいとする西部徹一先生の若い頃からの夢が実現して1966年に設立された海上労働科学研究所はこうして解散となり、海上労働科学の火も消えた。設立直後に起きた突然の高額の事務所経費の増加を機に財務状況が危機に陥り一時は存続も危ぶまれた時期もあったが、渡邊俊道さんによって再出発を遂げ、海運界、船員界に大きな影響を与えるような研究活動を展開した時期もあった。一時は16人もの研究職員がいたが、転出、退職、定年などで2名にまで減少した。ちょうど公益財団法人の見直しの時期と重なって上述したような経過を辿ったのである。

　海上労研が解散された理由について、最後の専務理事・所長の木村正次氏は「補助金の削減や低金利のため財団として、研究所単独で運営ができなくなったという理由がありますが、会社や各団体からの受託研究の減少等もあり、時代の大きな流れであるということを感じざるをえません」と説明している[32]。確かに海運界の変容は著しかった。

　研究所の設立に具体的に取り組み始めた1964年に海運に従事していた船員数は10万名を越えていたが、解散となった2008年には約3万名にまで減少している。日本籍船もこの間に激減した。さらに日本人船員の役割も変わった。日本船主協会によれば「日本の海運企業は一般的に、日本人船員については海上での経験を陸上

---

(31) 船内労働実態調査、みししっぴ丸、労研、1965
(32) 海上労働科学研究所、URL:homepage2.nifty.com/MLRI/index.htm

における船舶管理者を養成する為の訓練の場と捉えており（以下略）」となったので
ある(33)。木村正次さんの言葉にある「時代の流れ」がこのようなことを意味するの
かどうかは分からないが、私も海運界の大きな変化が研究所の存続に重要な影響を
与えたと考えている。

　海上労働科学はもはや社会的役割を終えたということであろうか。これは人類学
の泰斗の長谷部言人氏の指摘する、ある時期にある役割を果たすために存在する
Modernizationと同様な現象なのであろうか(34)。

　それとも若い研究者によって新たな展開が始まるのであろうか。内航船や漁船な
ども含めて研究すべき課題は少なくないことを考えれば、私としてはそれを期待して
いる。

　最後に退任後の西部徹一先生について記しておきたい。

　1971年にもう一人の専務理事と共に専務理事・所長を退任された西部先生は、翌
年から1979年まで研究所の研究専門委員に、また1985年まで日本船長協会の技
術顧問に就任して学者としての活動を続け、1975年には「船の労働衛生」(35)を上梓
され、私も1冊、署名入りのものを戴いた。1976年には「日本の船員―新しい船
員像をさぐる―」(36)を上梓された。これは1961年に労働科学叢書16として上梓さ
れた名著「日本の船員」(12)を全面的に新しく書き改めたものである。さらに1980年
には先に記した船員の労働に関する研究の日本における発展の経過を詳細に知るこ
とができる貴重な書である「海上労働科学のあゆみ―船員学33年史―」(10)を、を
上梓された。またこの年には交通文化賞を、続いて1981年には住田海事奨励賞を
受賞された。

　1984年には日本応用心理学会の名誉会員になられた。それが決定された学会の
常任理事会を中座して公衆電話で私がお伝えしたところ「そうか、有難う」と一言だ
ったが久しぶりのお声は以前に「おーい、だれだれ君！」と呼んでいた頃と同じだった。
因みについ最近、学会の理事長からホームページに掲載されている名誉会員一覧に
西部先生の写真が無いので送るようにと要請を受けて送ったので今は掲載されてい

(10) 西部徹一、海上労働科学のあゆみ、海上労働科学研究会、1980
(12) 西部徹一、日本の船員―労働と生活―　労働科学叢書16、労働科学研究所、1961
(33) わが国外航商船の第二船籍制度創設に関する意見、日本船主協会／愛媛県今治市、2004
(34) 長谷部言人、人類の時流化、季刊民族學究、Vol.21、No.1-2、pp.5-9、1957
(35) 西部徹一、船の労働衛生、成山堂、1975
(36) 西部徹一、日本の船員―新しい船員像をさぐる―、海事広報協会、1976

る。もちろん 3.3. で紹介した写真である。また 1988 年には「船員の戦後史事典」[37]
を労働科学叢書 83 として上梓された。

　海上労研を退任した後も研究者としての道を歩み続けられた先生は 1996 年 9 月
18 日に逝去された。享年 88 歳だった。訃報に接した際にふと思いだしたことがある。
世田谷の労研の海上労働研究室にいた頃は先生のお宅によくお邪魔した。1964 年
のある夜、居間の隅に鉢植えのパイナップルがあるのを見つけて伺ってみたところ「食
う時に頭を落とすだろう、それを植えておいたら育ったよ」と呵々大笑。一緒にい
た広田弥生さんが「私達ってこれと同じ、捨てないで植えてもらっているんですね」
とぼそっと口にしたのである。西部徹一先生はずっとそんな先生だった。

---

(37) 西部徹一、船員の戦後史事典、労働科学叢書 83、労研、1988

第二部
海上労働科学研究所の最後の一人が観察したことと研究資料の保存

1. はじめに

　東京商船大学（現東京海洋大学）を私が卒業した 1975 年頃はちょうど海運界が不景気に喘いでいた時期で、船会社はどこも航海士や機関士の採用を控えていてまさに就職難だった。私はかねてから船員ならまとまった休暇があるから勉強できるだろうと思って航海士として働くことを考えていたが、残念なことに時期が悪く船会社に就職できずにいた。そんな折に親しい大学の先輩がアルバイト先として海上労働科学研究所を紹介してくれた。訪れてみると最初に応対してくれた研究第二部の主査だった篠原陽一さんが「二部には仕事はないなぁ。でも研究第一部の久我さんのところは忙しくしているからなんかあるかもしれないよ」と研究第一部の主査の神田寛さんを紹介してくれて、お陰で元船医だった久我正男さんの部屋でアルバイトとして働き始めることができた。最初はフェリーの排ガス調査などでさらにマウスの世話もした。

　暫くして神田さんがコンテナ内の水分移動やガス拡散などを研究していた東京商船大学の西山安武教授（後に海上労働科学研究所研究専門委員会委員）を紹介してくれて、アルバイトしながらでよいというので大学院に進んだ。

　大学院では船艙内に漏洩した有害液体の拡散について実験して修士論文をまとめ修了し学会論文にまとめた。その後も研究生として、タンカーなどが荷役中に排気口を通じて船槽外に放出する引火性または有害ガスによる火災や健康障害の予防に資するため、放出ガスの拡散状況について実験的に研究して「船槽外放出ガスの挙動」と題する論文にまとめた。院生時代には西山教授の代理として危険物輸送規則問題に取り組んでいた日本海難防止協会の委員会に出席したこともあった。

　1981 年 7 月に 3 ヵ月の試用期間を経て海上労働科学研究所の職員として採用された。永田町にあった砂防会館の 4 階から麹町の海事センタービルの 4 階に移って間もない頃である。それから 30 年余海上労働科学研究所関係で仕事をした。

　海上労働科学の誕生や海上労働科学研究所の設立経緯、そうして大橋信夫さんが退職する 1988 年までの研究所の状況は第一部に詳しく記載されているので、

ここでは主として 1988 年以降、海上労働科学研究所が他団体へ吸収合併されやがて終焉を迎え、私自身も退職する 2015 年までの間に起きた主な状況を記すことにする。

2．研究第一部での初期の仕事と久我室からの独立

　入所して配属されたのは研究第一部（主査は神田寛さん）の主任研究員で診療所長を兼務していた久我正男さんの研究室だった。久我さんは第一部 4.1.4 にも紹介がある通り貨物船やタンカーなど商船の船医を長らく務めた人で、私が入った頃は主として船舶の飲料水の衛生問題や蒸留水の飲用清水化やフェリー船員の心肺機能に関する研究などに取り組んでいた。また診療所長として船員の健康管理にも取り組んでいた。当然私はそれらを手伝うことから仕事が始まった。主査の神田寛さんは当時出現していた高速艇の振動や騒音が船員に与える影響などを研究していたのでその仕事も私は手伝うことになった。2 年目頃から漁船員の腰痛問題にも取り組んだ。また神田さんが学位をとるためにその頃取り組んでいた船員の振動と視力に関する実験の手伝いもした。

　久我さんはやや変わったところがあり作業用ズボンに安全靴で両腕に黒い袖カバーをして、研究室で検体の分析など一人で黙々と続けて過ごすのが好きで、所内でも他の所員との交流はほとんどなく主査の神田さんともたまに話をする程度だった。その反面、診療所長として患者と関わることには熱心で、独特の人柄を持つ久我さんのファンは多く、中には海上労働科学研究所の理事会関係の人もいて、そうした人たちの相手をすることに多くの時間を費やしていた。

　診療ももちろん定款に記されている事業ではあるが、その業務が次第に増えていって年度毎に進めなければならない研究事業の遂行とのバランスをとるのが難しくなっていった。ある時そのことについて率直に疑問を呈したところ久我さんが激怒して、それを契機に二人の人間関係がぎくしゃくしたものになってしまった。このことは当時二人で担っていた研究事業である「有害物による船員の健康障害に関する実態調査」の実施を困難にする結果を招いた。当時の専務理事はやむなくこの事業を二つの領域に分けてそれぞれが分担することにし、予算も分けた。部屋も別にすることとし私の机を研究機材置き場の片隅に置く措置をとった。1984 年のことである。この時、専務理事が創立以来の大ベテランの主張のみに惑わされることなく、新米の私の立場を理解してくれて少ないながらも年間 40 万円という予算も確保してくれたことは本当に有難かった。

　お蔭で私は初めて自分の考えで調査を進めることができ、報告書も思うように書くことができた。実際はかなりハードな仕事ではあったが、この調査を契機として私の研究が進みその一部はやがて雑誌「労働科学」に原著論文として採択され、しばらくして国際学会で発表するものになっていった。

　なお久我さんは部屋を分けてからまもなく1985年に退職され、その後は外部で産業医としての健診などの活動をした。

3．研究職員の減少と研究所運営の変化

3.1　主査室長会議の廃止

　第一部11．にもある通り1985年3月に服部昭さんが八戸大学に、1988年3月には大橋信夫さんが長野県立短期大学に転出した。1989年3月には労研時代から活躍してきた資料室長の小石泰道さんと研究一部主査の神田寛さんが定年となり、その後2年間は嘱託として勤務した後1992年3月に退職した。

　この二人が退職したためか、時期を同じくして若い頃に労研で初期の海上労働の研究に携わった荒稲蔵さんが専務理事をやめて全く別の人に代わったためかは定かではないが、それまで定期的に開催されてきた主査室長会議が開催されなくなり、いわば上意下達の形で運営されるようになっていった。

3.2　ボーナスの減額、転職の勧め

　転退職者が出たために浮いた人件費を使ってしばらくはなんとか持ち堪えていたが、それも長くは続かず直ぐに一層の財政逼迫がやってくることは明らかだった。そのため代わったばかりの新総務部長が組合になんらの事前の話がないままにいきなりボーナスを2割減額すると表明するようなこともあった。荒さんの後任の専務理事からも一言も無かったので海上労働科学研究所の労働組合委員長だった私が抗議し、部長が企画していた旅行会に参加しなかった。当面はボーナス減額は立ち消えになった。

　この頃から、研究所は運営資金不足でもう持たないことが明らかだから転職先を探すようにといった発言が専務理事側から公然とでるようになっていった。荒稲蔵さんに代わったこの専務理事は資金不足改善への目立った取組はなく6年間在籍して退職した。こうした管理者側の姿勢を受けて転職先を探す研究者もでてきたし、実際に転職する者もでてきた。

3.3　親睦会の旅行は維持された

　予算縮減の影響で所内の雰囲気は当然明るいものではなかった。そうした中で1年に1度だけ例年開催された職員の親睦会の1泊旅行は所員が明るい雰囲気になる唯一の機会だった。松島に行ったり伊豆に行ったりしたが、2005年に佐渡へ行ったのが最後となった。

4．研究事業執行上の変化

4.1　委員会方式の導入

　研究事業を進める上でも変化があった。まずは委員会方式への移行である。海上労働科学研究所の研究事業は予算の範囲内で実行計画の立案、具体的な調査・研究活動、分析・考察・とりまとめ、報告書の刊行に至るまでの全てを担当の主任研究員や研究員である研究職員が進めてきた。それが1980年代の末期に刊行されたある報告書に対して関連業界などから疑問の声が寄せられたことを契機に1991年度から外部の関係者を加えた委員会方式として研究職員は事務局の研究担当として委員会の運営と調査研究をするようになった。これ以前にも複数の関係者の強い連携と協力が無いと実施できないような場合に、研究職員の企画で委員会方式を採用したこともあったが、全ての調査・研究事業がこの方式で執行されるようになった。実際にはそれ以前とさして変わらず、変わったといえば報告書案を先ずは委員会で審議するというプロセスを経ることになったことくらいで、それとて報告書案に注文がつくようなことはなく、執筆者として研究担当者の明記は維持した。しかし研究の自由に制約が加わったことは紛れもない事実であった。調査・研究の結果を公表するより前に外部の人がチェックできるシステムが構築されたのである。

　なおこの委員会方式の導入がいつ、どこで決定されたのかは今のところ明確になっていない。理事会や常任理事会、あるいは業務専門委員会の議事録で確認する必要があるがそれらの資料の所在は現時点では確認できていない。

　余談であるが渡辺俊道さんが1972年に専務理事に就任した際に「君たちは自由にやってよろしい、報告書案も自由に書いてよろしい。しかしそれを印刷・公刊するかどうかは私が決める」と言ったことがある。これは報告書の内容についての責任は専務理事にあるということの表明であって、20年近く続いてきたそれを委員会の責任にしてしまったことの意味は決して小さくはない。

4.2　理事会機構の変化

理事会側にも大きくは三つの変化があった。海上労働科学研究所の1998年3月発行の年報第30号と2002年3月発行の第31号～第34号の合併号を比べみると次の3点に変化が表れている。

4.2.1　評議員会の設置

日本郵船の監査役を務めた梅本真一郎氏を議長として17名の主として海運関係者を中心とした評議員で構成されている。労研関係では所長の西岡昭さんと元海上労働科学研究所研究員で内航労務協会専務理事の山岡靖治さんが加わっている。

年報に設置した理由が記されていないが、問題のある公益法人が増えたためにシステムを変更したのではないかとも考えられる。

4.2.2　研究専門委員会の縮小

1998年には9名いた研究専門委員のうち4名が退任し、留任した大島正光委員長他5名に縮小した。なお2003年には海上労働科学研究所の設立時から3年間嘱託だった岸田孝弥さん（高崎経済大学教授）が加わって6名体制となった。

4.2.3　業務専門委員会の縮小

1998年には委員長を含めて委員数は15名であったが大幅に減少して6名となっている。メンバーの一人は留任したが他は新任で全員が評議員を兼ねている。留任したのは評議員会の項で紹介した元海上労働科学研究所研究員で内航労務協会専務理事の山岡靖治さんである。

4.2.4　テーマ懇談会の設置

2000年代に入った頃から国土交通省、日本船主協会、全日本海員組合の三者で構成するテーマ懇談会が設置され各年度の研究事業のテーマと予算の決定過程に次のように関わった。

3月：次年度研究事業海上労働科学研究所案作成

7月：決算理事会

9月：研究専門委員会で海上労働科学研究所案を審議して結果をテーマ懇談会に送る

10月：テーマ懇談会

　研究専門委員会で認められたテーマに予算案を付して事業案を審議する。な

お事前に三者からの個別のヒアリングがある。

12月：評議会

　テーマ懇談会で認められたものについて審議

年明け：理事会

　予算決定

3月：次年度研究事業海上労働科学研究所案作成

4月：予算執行開始

5．研究事業経費縮小への対応

　研究事業に当てられる予算は縮小の一途を辿り2000年度には約3,000万円になっていた。しかもこれは調査・研究に支出できる予算ではなく40歳代、50歳代になっていた3人の研究職員の人件費（賃金ではない）を含めた額である。

5.1　報告書印刷経費の節減

　実際の調査・研究に必要な予算が金額的に減額されていったばかりではなく、内容的にも歪なものになっていき、報告書の印刷費が直接経費予算の半分位を占めるようになっていった。そこで報告書の版下を自分たちでパソコンを使って作成するようにした。これで節減できた分を調査・研究にまわしたのである。

5.2　床面積の縮小とそれに伴う資料の移動

　2000年からそれまで麹町の砂防会館にあった船員災害防止協会が海事センタービルに移転することになり、海上労働科学研究所が使っていた診療所と付属の検査室および研究室の一つを明け渡すことになった。

　久我さんが退職したとき診療所付属の検査室を廃したが、部屋の片付けは当然私の仕事となった。診察関係機器や試薬などの薬品の廃棄処理はなかなか難しかった。最も心配だったのは重クロム酸の処理だったが幸いにこれは業者がやってくれた。

　因みに明け渡した研究室は最初に大橋信夫さんと服部昭さんが入り、1894年3月に服部さんが移籍した後に三輪千年さんが入った。1988年3月に大橋さんが移籍した後は1993年3月に移籍するまで三輪さんが一人で使っていたものである。

　この専有面積縮小に伴って一つの大部屋に研究職員を配置できるように資料室にあった移動式本棚を海事センタービルの地下倉庫に移動させた。この倉庫は海上労働科学研究所専用の倉庫で、海上労働科学研究所が設立された際に労働科学研究

所の海上労働研究部から譲渡された過去の調査報告書、多数の雑誌のバックナンバーなどの文献、調査時の原データなど大量の資料が保管されていた。それらを整理してスペースを作りそこに押し込んだのである。この時はほとんどの資料を移動させることができた。

5.3　研究事業を獲得してくれた専務理事もいた

　研究事業を予算付きで獲得してくれた専務理事もいた。そのお陰で私は船内労働の work load に関する研究を2年間実施することができた。以前から航行安全の人的要因問題が大きくなっていて、日本海難防止協会が居眠り問題を取り上げていた。そこで居眠りを引き起こす要因の一つと考えられる work load や stress を取り上げて実際の操船場面で実態調査を実施したのである。この専務理事は退任した後に海上労働科学研究所の顧問になった。

6．他財団への吸収合併

6.1　日本海技協会に吸収合併させられて海上労働科学研究所は解散

　2006年4年1日に同じ国土交通省所管の財団法人日本海技協会と統合して財団法人海上労働科学研究所は解散となった。当初は統合という雰囲気で進められたことであったが実質的には吸収合併だった。最終の人事をみればそのことは明瞭である。すなわち日本海技協会に移籍できたのは研究職員では私だけで後は若い事務職員の小田桐真紀さんの二名だけだった。最後の頃まで残っていたあとの二名の研究職員は再就職の話もないままに海上労働科学研究所を去っていった。特別退職金の支給などの措置もないままに。

　これにより財団法人海上労働科学研究所の基金3億円は財団法人日本海技協会の基金に加えられた。

6.2　日本海技協会はその後日本海洋振興会と統合して海技振興センターに

　海上労働科学研究所を吸収合併した翌年の2007年4月に日本海技協会は同じく国土交通省所管の財団法人である日本海洋振興会と統合して財団法人海技振興センターとなった。

　これにより財団法人日本海技協会の基金は財団法人海技振興センターの基金に加えられた。その後2014年には東京都の一般財団法人となった。

7．所蔵していた機器・資料などの廃棄と保存への取り組み

　こうした他財団との統合の際に最もエネルギーを費やしたのは機材・資料の廃棄
と保存だった。でもこの統合とは別に機器・資料への対応に苦労させられたことが
2回あった。最初は砂防会館から海事センタービルに移る際に久我研究室と診療所
の引っ越しを手伝った。2回目は次に記す船員災害防止協会が海事センタービルに
移転する際のことである。

7.1　日本海技協会への吸収合併に際して資料のPDF化

　上述の地下倉庫も日本海技協会と共有することになったので、雑誌や調査報告書
など大量の資料を廃棄せざるを得ないことになった。合併に当たって資料の扱いが
まったく議論されていなかったので資料保管のスペースが確保されていなかった結果
である。

　研究事業経費の縮小に伴って購読をやめた雑誌は全て廃棄したが「労働科学」や
「労働の科学」は全部残した。また移動式書庫の2/3は委託で実施した調査や研究
の報告書が占めていて労研時代のものもあったが、船員制度近代化関係で海上労働
科学研究所が関わった報告書は残してあとは廃棄せざるを得なかった。

　しかし海上労働調査報告（第1集は1949年に運輸省海運総局が刊行、第一部
2.2.3参照）、海上労働科学研究会資料、補助事業として実施した調査・研究の
報告書、研究所の年報などはどうしても残すべきであると考えたが置き場所は無い。
そこでそれらのPDF化に取り組んだ。予算がないので手作業、力仕事である。ま
ず綴じてある印刷物の背中を大型のカッターで裁断して各ページをばらばらにし、ば
らばらになった各ページを台紙に貼り付けてコピーし、それをPDF化するという大
変な作業だった。海上労働科学研究所から移籍した事務職員の小田桐真紀さんは1
年、私は2年を費やした。このカッターはこの作業のために大山冨次総務部長が無
理して購入してくれたものである。因みに大山さんは海上労働科学研究所設立以来
6人目でかつ最後の総務部長だった。

8．資料のデータベース化と検索システムの構築

8.1　PDF化した資料のデータベース化

　2007年に財団法人海技振興センターとなってからは日本海技協会との統合に際
してPDF化した資料のデータベース化に取り組んだ。振興センターでは1テーマか

2テーマには予算がつけられたので「海技ネットワークの構築」をテーマとして掲げた。そうして日本海難防止協会、日本船長協会、日本機関士協会などの関係者が共同活用できるようにリンク集をつくることにして委員会を立ち上げ、私が事務局調査担当となって検索システムの持つべき機能を明確にした。それをもとに専門の業者が検索システムを構築した。

　海技ネットワークに搭載するデータベースの作成は PDF 化の際と同じで手仕事、力仕事であった。すなわち海上労働調査報告の第 1 集から第 6 集までと 50 号まで発行された海上労働科学研究会資料（1957 年に発行された海上労働調査報告第 7 集が研究会資料の 1 号にあたる、第一部 2.2.3 参照）に記載されている各報告の PDF を 1 ページ程度のダイジェスト版を作成してそれをデータベース化することに取り組んだ。しかし PDF に読み込んだものが残念なことにかなり文字化けしていて、これの修正に 1 年位を要した。この文字化け対応には振興センターの一人の事務職員も協力してくれた。

　この事業には大変な労力を費やしたが、ダイジェスト版の作成に取り組んだお陰で私は労研の海上労働研究室時代から海上労働科学研究所の解散に至るまでの全ての報告の概要にふれることができ、それは大きな収穫だった。

　海技振興センターが発足してすぐにこういう事業に取り組みたいと黒田不二夫専務理事に申し出たところ応援すると言ってくれたものである。

　なお大橋さんが資料の保存について電話で黒田専務理事に尋ねたところ「先輩たちの資料は大事にするように言ってあります」という返事だったことを後になって聞いた。

　ダイジェスト版はこのようにデータベース化できたが、元の報告は PDF のままハードディスクに保存されている状態なのでなんとかデータベースに追加したいと考えている。

8.2　地下倉庫の整理、資料・機材の大量廃棄

　65 歳になる 2015 年 4 月が私の定年であった。その直前に地下倉庫にある機材・資料の廃棄に取り組んだ。ラック棚にある資料のどれを移動式書庫に残すか判断し、残りを分類して縛り、臨時に借りてもらった部屋に積み上げた。壁 4 面の天井まで届く量だった。周辺の人たちに必要なものがあれば自由に持っていくように要請したが誰も何も取らなかったようですべてが廃棄対象となった。海上労働科学に関心を持っている人がいなかったせいであろうと考えられ寂しかった。

　結局機材と合わせて廃棄した量は 2 トントラック 2 台分で、かかった費用の約 30

万円は振興センターが支出した。

　この定年直前の大仕事は2ヵ月くらいかかったが、日本海技協会でPDF化に協力してくれた小田桐真紀さんももういなかったし、新組織の職員の協力申し出もあったが海上労働科学研究所と無関係な方なので気後れし、全て私一人でやらなければならなかった。

　久我正男さんの下でアルバイトをしていた1979年に海上労働科学研究所が砂防会館から海事センタービルに移動することになり、久我さんの研究室と診療所の引っ越しを手伝った。その時も大変な思いをしたが、その10倍ほどの労力をこの定年直前の倉庫の片付けに費やしたような気分だった。

9. 統廃合と海上労働科学に対する官労使の姿勢の変化

9.1 「船員の労務問題は終わった」？

　最も明確であったのは使である日本船主協会で、末期の受け止め方は「船員の労務問題は終わった。したがって海上労働科学研究所の果たす役割はない」であった。

　先に2000年代に入って官労使で構成されたテーマ懇談会が設置されたことを記したが、実はこの懇談会も設置された直後はともかく実質的にはあまり機能しなかった。特にこれに先立って官労使のそれぞれが関係者に行うヒアリングに問題があった。当初は日本船主協会が傘下の海運会社からの海上労働科学研究所案に対する意見を纏めた協会としての見解を述べていたようであったが、直ぐに協会の担当者の個人的な意見しか出ないようになっていった。それは傘下の海運会社が要望を持たなくなっていたことが一因であった。

　ここで海上労働科学研究所案と書いたが正確には海上労働科学研究所研究専門委員会案である。この委員会には理事も加わっている。それに対して懇談会に先だつヒアリング段階で提案がなく研究所の案を提示すると「こんな調査・研究は必要ない」といったような意見を平然と口にするようなことが屡々起きて、説明に当たる研究職員と論争、というか対立することもあった。国土交通省の担当者の中からは海上労働科学研究所をお抱え受託調査機関とでも考えているのではないかと思われるような発言さえあった。

　このようになっていったのは、（実は各担当者に原因があるわけではなく）海運業界全体の雰囲気を反映したものだったのである。すなわち日本籍船も日本人船員も激減して外国籍の船を外国人船員で運航することが一般的になった結果、「労務問題は終わった」という受け止め方をされるようになっていたのである。

もちろん研究所側にも問題があった。海上労働科学は労務問題だけを扱う学問ではなくまた海上労働科学研究所も労務問題だけを調査・研究する研究所ではない。しかし予算不足によって定款に掲げられているほとんどの事業の実施が困難になっていて、狭い範囲の調査・研究にさえ支出できる予算は激減していた。またその影響で研究職員も僅かとなっていて、仮に官労使が具体的な要望を持っていたとしてもそれに応えるだけの力が弱くなっていたからである。

こうした海運業界における海上労働に係る問題意識の変化が海上労働科学研究所の運営資金を貧弱なものにし研究職員を減少させて研究所としての調査・研究能力を衰退させた。それは仮に業界になんらかの必要があってもそれに応えることができずさらに評価を下げるという悪循環を招いた。その結果やがて他団体に吸収され海上労働科学研究所が消え去るという事態を生み出したとも言えるだろう。

9.2 全日本海員組合とテーマ懇談会

同じようなことが労である全日本海員組合についても言えて、組合自身の問題意識に変化があってのことか海上労働科学研究所案に対する機関として意思決定するという経過を辿らなくなっていったようである。したがってヒアリングの際もやはり担当者の個人的な判断が反映されるようになっていった。

なお海上労働科学研究所が海技協会に統合されてから全日本海員組合が拠金をやめにしたことを記しておきたい。第一部に（2.2.3 海上労働調査報告の刊行、海上労働科学研究会の発足参照）あるように全日本海員組合は西部先生が労研で海上労働の研究を開始した初期の頃から拠金を継続してきていた。海上労働の労働科学的研究の扱いに対する全日本海員組合の受け止め方を示しているのかもしれない。

一方、日本船主協会は海技振興センターに拠金を継続したようである。

9.3 賛助会員の動向

海上労働科学研究所には研究活動を資金的に支援する組織として賛助会があった。外航船、内航船を運航する海運会社はもちろんフェリーなどの旅客船を運航する会社、水産関係団体、造船会社、海上保険会社、全日本海員組合などの諸団体など多くの企業や団体が賛助会員として設立以来研究所の活動を支えてきた。会員数は1973年の288がもっとも多くその後235前後で推移していたが1987年頃から漸減し、日本海技協会への吸収話が出ていた頃の2003年には95になっていた。こうした現象は海上労働科学研究所と関連産業界との関係性の一端を示しているのかもしれない。

　なお 1998 年から 2003 年の間に造船関係と海上保険関係の会員が 27 から一挙にゼロとなった。

　賛助会員の個人会員に関してふれておきたい。賛助会には個人でも入会できたので数は少ないが個人会員もいた。そのうちの 2 名は設立から終焉までずっと会員だったことを明記しておきたい。

9.4　JR 尼崎事故の影響で国土交通省が立ち上げた委員会への参加

　官である国土交通省から海上労働科学研究所に対して調査・研究を委託するようなことは無かったが研究員を利用することは末期にもあった。その典型が 2005 年 7 月に国土交通省が立ち上げた「旅客船事故原因分析検討会」の座長に海上労働科学研究所の主任研究員（実は私）を起用したことであった。この検討会はその年の 4 月に起きた JR 福知山線脱線事故を契機に国土交通省が交通機関の安全の見直しに取り組み、その一環として立ち上げたものであった。

　因みに 2005 年といえば海上労働科学研究所の最後の年で、翌 2006 年には日本海技協会に吸収されている。その後も船員労働災害防止優良事業者の検討会や船員労働安全衛生マネジメント検討会の座長も勤めた。結局、海上労働科学研究所を最後まで活用したのは官である国土交通省だったということだろうか。

（文責　大橋信夫）

第三部
海上労働科学研究所が他機関・組織と関連した活動の一部

　海上労働科学研究所は海上労働に関する調査・研究だけではなく、多くの外部機関や組織の活動に関わってきた。外部機関から委託されて実施する委託研究も多く、共同研究という形をとるものもある。また外部のプロジェクトに参加する場合もあったし、委員会活動に委員として参加する場合もあった。このように活動のスタイルは多様であった。そうした活動は前身の労働科学研究所海上労働研究部と同様に活発に行われた。

　しかし海上労働科学研究所になってから、これらの活動に関する研究所としての記録が残念ながら非常に少ない。

1．年報にある記録

　まず No.1 から No.38 までの海上労働科学研究所年報からみていくと、以下のような記載がある。

　委託研究についてみると、1968 年 9 月に発行された年報 No.1 から 1973 年の年報 No.6 まで「委託研究調査」として、委託先とテーマが記載されている。それ以降は 1978 年の年報 No.11 まで、個々の研究活動の概要の文末の（　）内に例えば日本海事財団補助事業とか日本船主協会補助事業と記載されている。あるいは海運中核六社委託事業というようになっている。それ以降は、2006 年に発行された最後の年報である No.38 までみてもそうした（　）内の記述は無くなっていて、概要に「．．．からの委託で」といった記述があるものが散見されるだけである。

　一方、「講師を派遣した講習会等」と「委員を派遣した委員会等」と題する簡単な記述が年報 No.1（1968 年）から No.4（1971 年）にはあるが、それ以降の年報にはまったく記載されていない。

2．年報以外の記録

　年報以外に公刊されたものとしては、創立の翌年の 1967 年 4 月に初発行された

隔月刊の「海上労研だより」がある。これをみると No.1 からの No.2 に最近の相談
指導サービス活動の一覧表がある。

海上労研だより　No.1
（1967 年 4 月発行）
最終頁
（車は購入予定の検診車）

　「海上労研だより」の No.3 からはこうした表は無くなって、下の No.6 にあるように
3 か月間に実施した主要行事として記載されるようになった。

海上労研だより　No.6
（1968 年 3 月発行）
最終頁

海上労研だより　No.17
（1970 年 1 月発行）
主要行事　これが最終記事
この号が最終号となったため
その後の活動等の記録はない。

94

以上が海上労働科学研究所から発行された記録の全てである。

この他の記録としては、西部徹一先生の著書[36]に、外部機関に関しては設立された1966年から1978年まで記載されている。参加した委員会などに関しては1966年から1971年までの記録が、それ以前の1946年からの記録と共に残されているのみである。

3．村山義夫主任研究員の活動記録

実際はもちろんこうした活動は行われていたのであるが、その実態は先に記したように1978年以降のことは全く記録がないという残念な状態である。

しかしその後も同様の活動は行われてきたことから、その一端として、研究所の解散まで勤務した村山主任研究員の記録を以下に紹介する。

****

私が海上労働科学研究所に入所したのは1981年である。そこで私自身が関係機関と関わった活動について、私自身の個人的記録に基づいて記すことにする。限られた範囲ではあるが、海上労研やその研究職員の活動の一端を紹介できると考えたからである。そのため若干のエピソードも添えた。私自身はここに記したもの以外にも関係して活動したこともあるが、ここでは海上労働科学研究所と直接関係のあるものに限った。

整 理 番 号：1
関 係 機 関：日本海難防止協会
テ ー マ：危険物船舶運送および貯蔵規則の改定
時 期：1981
背 景：IMDGコードの制定に伴い国内規則の整合を図るための委員会審議が設置された。
参 加 内 容：委員（代理）
実 施 事 項：危険物をIMDGコードの分類にする。
役 割：産業医学の立場から分類について参考意見を述べた、委員が有機溶

(36) 西部徹一、日本の船員―新しい船員像をさぐる―、海事広報協会、1976

剤も毒物に分類すべきとの意見を述べたが、毒物は急性毒性による
として却下されたため、その後代理出席を勤めて参考意見として繰
り返した。

エピソード：危険物管理の専門家と知己を得てその後の関連の委員会に委員とし
　　　　　　て参加する契機となった。

整理番号：2
関係機関：船員災害防止協会
テ　ー　マ：船舶衛生管理者講習会
時　　　期：1984
背　　　景：船舶衛生管理者制度開設以来、船内衛生関係の講義を労研の海上労
　　　　　　働研究部および海上労研の研究員 が分担して行っていた。
参加形態：講師
実施事項：船舶衛生管理者資格を得るための1か月の座学と実技の講習会を品
　　　　　　川の船員保険病院で行っており、その座学の船内衛生の講義および
　　　　　　試験問題作成。
役　　　割：退職した担当者の後任を務めた。
エピソード：資格を要する船舶は日本国籍の外航船と遠洋漁業船であり、日本籍
　　　　　　船減少で講習生が減ったが、STW の資格要件として外国籍船にも
　　　　　　求められるようになり、資格要件を満たさない一般大学卒の講習生
　　　　　　が増えてきて、品川の船員保険病院の負担が問題になっていた。

整理番号：3
関係機関：海上災害防止センター
テ　ー　マ：東南アジアの流出油防除体制の整備
時　　　期：1985
背　　　景：EXXSON VALDEZ 事故後、国際的に防除体制の整備が求められ
　　　　　　ODA の予算もつけられた。
参加形態：委員・現地調査員
実施事項：ブルネイ、インドネシア（他は別グループ）の防除体制を視察し要
　　　　　　望事項を示す。
役　　　割：ブルネイ、インドネシア（他は別グループ）の防除体制を視察し
　　　　　　要望事項を示す。

エピソード：ブルネイは SHELL に頼り、インドネシアは関心が薄い。インドネ
　　　　　　シアでは東京商船大学大学院の後輩の留学生ウイディ・ハルジャー・
　　　　　　パヌシャヤ氏が船会社の幹部になっていて、豪邸にベンツで案内し
　　　　　　てくれて会食した。

整 理 番 号：4
関 係 機 関：日本海技協会
テ ー マ：近代化船乗船調査
時 期：1988
背 景：近代化船実証実験で司厨員 1 名体制の問題点を把握する。
参 加 形 態：海上労研委託事業担当者
実 施 事 項：乗員の作業分析と生活時間調査
役 割：司厨員の減員に伴う作業と生活時間の変化
エピソード：近代化事務局からの委託で尾鷲—インドネシア—伊良湖間に乗船した。

整 理 番 号：5
関 係 機 関：海上災害防止センター
テ ー マ：欧州国家石油備蓄基地防災対策の視察
時 期：1990
背 景：地下備蓄の準備にかかり、すでに行われていた欧州の地下備蓄基地
　　　　　　を参考にする必要があった。
参 加 形 態：視察メンバー
実 施 事 項：ノルウェー、オランダ、ドイツなどの基地を訪問し防災対策を視察
　　　　　　し説明をうける。
役 割：視察と関係者からの聞き取り
エピソード：石油公団理事長など 20 名の大集団で約 10 日間にわたる観光を含
　　　　　　むリッチな視察旅行で、前年に崩壊したベルリンの壁なども見物した。

整 理 番 号：6
関 係 機 関：日本海難防止協会
テ ー マ：居眠り海難事故の要因分析
時 期：1990
背 景：海難事故のヒューマンエラーが注目され、事故調査方法の整備が求

　　　められ、居眠り海難事故の要因を明らかにすることが求められてい
　　　た。
参 加 形 態：委員
実 施 事 項：居眠りの原因、経過、結果を明らかにするために因子を決め、10
　　　　　　　年間の海難審判で居眠り海難とされた採決録から因子の状態を読み
　　　　　　　込み、各因子のウェートを評定した。
役　　　　割：因子を示し海難事故との関連を示し、事務局が採決録を読み込む手
　　　　　　　続きを指導した。また因子の頻度分析をした。
エピソード：海上保安庁の要請による委員会で、労働科学の専門家が必要とのこ
　　　　　　　とで参画することとなった。結果は採決録にはデータが不足してお
　　　　　　　り、事故調査には一定のマニュアルの必要性を指摘した。この作業
　　　　　　　が後のヒヤリハット調査につながった。

整 理 番 号：7
関 係 機 関：高等海難審判庁
テ　ー　マ：海難審判専門職員の研修
時　　　　期：1990 および 2012
背　　　　景：海難事故調査が責任追及から対策へと重点が置かれるようになり事
　　　　　　　故調査法の見直しが必要だった。
参 加 形 態：研修の講師
実 施 事 項：最初は居眠り海難の因子、二回目は海難の疫学的分析
役　　　　割：20 名ほどの職員に対する講義
エピソード：初回は海上労研の元研究員の関係者だった高等海難審判庁長官の依
　　　　　　　頼。

整 理 番 号：8
関 係 機 関：海洋会
テ　ー　マ：雑誌「海洋」編集
時　　　　期：1990
背　　　　景：財政難で事務局人数の削減が進み、原稿収集と編集への寄与が求め
　　　　　　　られるようになってきている。
参 加 形 態：編集委員長
実 施 事 項：年間 4 回の委員会運営

役　　　割：記事収集と編集の原案作成
エピソード：編集委員だった前任の海上労研の主任研究員だった小石泰道さんの
　　　　　　退職を機に交代して編集委員となった後に編集委員長になり現在後
　　　　　　任者を求めている。

整 理 番 号：9
関 係 機 関：海上災害防止センター
テ　ー　マ：有害物データシート作成と防除作業時の安全対策
時　　　期：1990
背　　　景：国際的に危険物データシートの活用が求められるようになり、海上
　　　　　　保安庁特別救護隊にも必要とされた。
参 加 形 態：委員
実 施 事 項：データシートに必要な物性、有害性、処置法を定めデータを収集する。
役　　　割：産業衛生面の有害性のデータを定める。
エピソード：特別救護隊長が被災者と隊員の安全確保に役立つよう分かりやすく
　　　　　　した。

整 理 番 号：10
関 係 機 関：国土交通省
テ　ー　マ：内航船員の労働時間調査
時　　　期：1991
背　　　景：小型船舶安全規則の改正のため実態把握が必要だった。
参 加 形 態：海上労研委託事業担当者
実 施 事 項：国土交通省が行った調査票の集計
役　　　割：パソコンを導入して BASIC によるプログラムを作成し集計した。
エピソード：簡単なプログラムで集計する電卓は使用していたが、IBM と富士通が
　　　　　　パソコンを販売開始したため国土交通省からの助成を受けて富士通
　　　　　　の 9450 を導入した。初めての取組みであったため同僚と共にメーカ
　　　　　　ーの指導を得ながらなんとか集計表にまとめることができた。ゴール
　　　　　　デンウィークに何度も補佐官が来所し集計を急がされた。

整 理 番 号：11
関 係 機 関：海上災害防止センター

テ　ー　マ：国家石油基地の防災対策
時　　　期：1992
背　　　景：石油備蓄基地が増設されその地域にあった防災対策策定が求められた。
参 加 形 態：委員
実 施 事 項：すでに建設された地上備蓄基地（約5か所）と建設中の地下備蓄基
　　　　　　地（約3か所）に標準的な対策と地域特性に応じた防災対策を各
　　　　　　基地の視察をして作成する。
役　　　割：主に船側との連携についてのアドバイス
エピソード：地下備蓄で飛行機の墜落や地震を想定したシミュレーションを求め
　　　　　　たとき無駄と言われたが行ってもらった。いまとなっては無駄でな
　　　　　　かったといわれるだろう。

整 理 番 号：12
関 係 機 関：日本海難防止協会
テ　ー　マ：火災爆発危険度経過予測
時　　　期：1992
背　　　景：日本海難防止協会がそれまでに進めてきた活動を継続させるために
　　　　　　委員会の立ち上げが必要だった。
参 加 形 態：委員
実 施 事 項：タンカー火災における防災対策のため、火災の拡大・縮小・爆発へ
　　　　　　の進展を予測する方法を開発する。
役　　　割：委員長が提案した危険度予測をするために非線形モデルをコンピュ
　　　　　　ータ解析して図示した。
エピソード：委員長は第十雄洋丸の事故を受けた対策委員会で苦労をした経験か
　　　　　　ら危険度予測法が必要と考えていた。この予測法ができていればとい
　　　　　　う事故が、2012年に和歌山沖で発生し、内航タンカーが数日燃焼し
　　　　　　たことがあった。開発とともに若手研究者への継承も期待していたの
　　　　　　かもしれない。

整 理 番 号：13
関 係 機 関：日本パイロット協会
テ　ー　マ：引退する顧問の後任者を推薦する
時　　　期：1992

100

背　　　景：協会の顧問医師が高齢となったので後任者が必要になっていた。
参 加 形 態：協会事務局長の私的アドバイザー
実 施 事 項：労働科学分野で安全に関係した有識者の紹介
役　　　割：適任者を見出しコンタクトをとること。
エピソード：前任の顧問医師と同じような経歴・業績を持つ人と初対面だったが
　　　　　　快く内諾を得て協会に紹介することができた。これが縁となってそ
　　　　　　の後いくつかのプロジェクトを一緒に行った。

整 理 番 号：14
関 係 機 関：パブリックヘルスリサーチセンター
テ ー マ：水先人の健康管理
時　　　期：1992
背　　　景：日航機の羽田での事故により水先人の健康管理が求められ、日本パ
　　　　　　イロット協会がパブリックヘルスリサーチセンターに委託調査した。
参 加 形 態：調査員
実 施 事 項：ストレスについてはストレスコーピング法、就労はワークロード、
　　　　　　臨床面は健康診断内容について調査した。
役　　　割：ワークロードについて生活時間調査、被験者3名の3日間の作業分
　　　　　　析と心拍数の追跡調査を行った。
エピソード：生活時間は長年の経験から組まれたシフト体制がよく計画され、生
　　　　　　活行動も健康維持に配慮されていた。心拍数から見た緊張は、自覚
　　　　　　通り嚮導の後半に漸増し、作業後はすみやかに低下していた。大変
　　　　　　な各種の調査によく協力してくれた。その後、国土交通省への説明
　　　　　　にも役立っていたようである。

整 理 番 号：15
関 係 機 関：日本内航海運組合総連合会
テ ー マ：内航船員需給動向
時　　　期：1992
背　　　景：内航船員の高齢化が進み退職による船員不足問題があった。
参 加 形 態：海上労研委託事業担当者
実 施 事 項：内航船員の将来の需給を推定する。
役　　　割：内航海運会社に調査票を配布し船員の動静実態を把握し将来予測を

行った。
エピソード：内航船員の減少を乗組員の減少、船舶の減少および船員の融通でカ
　　　　　　バーしていることが明らかになった。

整 理 番 号：16
関 係 機 関：国土交通省・船舶技術研究所
テ　ー　マ：電気推進船の作業軽減効果
時　　　期：1993
背　　　景：船研は画期的なプロペラ開発と電気推進船の研究が進み作業の簡素
　　　　　　化が売り物になってきた。
参 加 形 態：海上労研委託事業担当者
実 施 事 項：電気推進船に乗船して作業内容とフローと分担を明らかにする。
役　　　割：モデル船舶において作業内容と分担、行動、疲労について乗船調査
　　　　　　し、説明資料を作成する。
エピソード：新島航路の船舶では発電機3台を有し2台並列運転で、発電機の運
　　　　　　転管理作業を従来の主機と同じくしているので作業の簡素化になっ
　　　　　　ていなかった。発想の切り替えが必要と思った。

整 理 番 号：17
関 係 機 関：船員災害防止協会
テ　ー　マ：漁船員の疾病予防調査
時　　　期：1994
背　　　景：漁船の船員保険支出が多いことから船員保険病院の健康管理センタ
　　　　　　ーの巡回健診の利用促進と体力づくりが必要になった。
参 加 形 態：調査員
実 施 事 項：健康についてのヒアリングと体力測定を南郷と八戸での検診会場を
　　　　　　利用して行った。
役　　　割：基本的な体力測定
エピソード：体育学専門の研究員が入所してしばらく専門を活かせなかったが、
　　　　　　測定メニューなど計画策定や実施に意欲的だった。測定結果は身体
　　　　　　が固く平衡力が低い。

整 理 番 号：18

関 係 機 関：海難審判協会
テ ー マ：海難の人的要因 FTA 翻訳
時 期：1995
背 景：日本の海難調査法が見直されつつあり、NTSB の調査システムが注
目されてきていた。
参 加 形 態：協力員
実 施 事 項：FTA の因子を翻訳する。
役 割：日本語の専門用語のチェック
エピソード：膨大なツリーだが、内容の軽重がバランスを欠く。NTSB 訪問時に
オーストラリアの医師のプレゼンテーションを聞いたが、提案者の
強調度合いが反映しているようだった。

整 理 番 号：19
関 係 機 関：日本パイロット協会
テ ー マ：水先人転落事故要因分析
時 期：1995
背 景：水先人の乗下船時の転落事故が後を絶たなかった。
参 加 形 態：アドバイザー・調査員
実 施 事 項：水先人の実態を把握し危険要因を明らかにする。
役 割：主な水先人会での乗下船のビデオ撮影とヒアリングにより危険要因
を抽出しフィッシュボーン図にまとめる。
エピソード：各水先区で長年培ってきたそれぞれ特有の方法があって、先人が確
立した方法は容易に変更しがたい。

整 理 番 号：20
関 係 機 関：日本パイロット協会
テ ー マ：水先人の乗下船動作分析
時 期：1995
背 景：パイロットラダーからの転落が目立ち、その顛末を把握する必要があ
った。
参 加 形 態：アドバイザー・調査員
実 施 事 項：パイロットのラダー上での運動と動作を明らかにする。
役 割：練習船で学生の被験者によってパイロットラダーでの基本動作を分

析する。

エピソード：同僚が動作モデルの力学に関する文献を見出し、被験者と画像分析
　　　　　　のアルバイトを手配した。主要関節にマーカーを付けてビデオ撮影し
　　　　　　力学モデルで計算した。その成果をフィンランドでの国際人間工学会
　　　　　　で発表した。しばらくしてこの方法を自動的に行うシステムが開発さ
　　　　　　れ、スポーツに利用されるようになった。

整 理 番 号：21
関 係 機 関：日本内航海運組合総連合会
テ 　 ー 　 マ：労働時間調査
時 　 　 　 期：1995
背 　 　 　 景：内航小型船の船員へは適用しない小型船舶安全規則の特例規則を改
　　　　　　正したのちの労働時間をモニターするように国からの指導があった。
参 加 形 態：海上労研委託事業担当者
実 施 事 項：内航海運会社にアンケート調査し集計表にまとめる。
役 　 　 　 割：調査票を作成し海運会社に郵送。回収し、集計した。
エピソード：8 年間続けた。

整 理 番 号：22
関 係 機 関：富山商船高等専門学校
テ 　 ー 　 マ：操船者のワークロード
時 　 　 　 期：1995
背 　 　 　 景：科研費の獲得を目指した。
参 加 形 態：共同研究者
実 施 事 項：操船シミュレータとフェリーの操船者の心身負担の評価法を開発する。
役 　 　 　 割：操船者の疲労調査と心拍数の測定
エピソード：科研費が応用工学の日本航海学会枠で採用されにくいことから社会
　　　　　　工学で応募したところ難なく採用された。シミュレータでは心拍数
　　　　　　の変動は小さかったが疲労感の変化はみられた。現場では強風下で
　　　　　　の入港時に極端な心拍数増加がみられた。

整 理 番 号：23
関 係 機 関：日本海技協会

テ　ー　マ：船舶のインターネット情報通信
時　　　期：1997
背　　　景：船でもインターネットや携帯電話が使用できつつあった。
参 加 形 態：委員
実 施 事 項：インマルサットを介したパソコン通信
役　　　割：少し前に行った洋上実験の経験からアドバイス。
エピソード：日本海技協会が取り組む課題が少なくなり、会長（元海上労研専務
　　　　　　理事）が将来の課題として掲げた。練習船の通信長経験者の出向を
　　　　　　得て、練習船との通信を実験したが費用が高額になった。

整 理 番 号：24
関 係 機 関：海上災害防止センター
テ　ー　マ：LNG 基地防災対策
時　　　期：1997
背　　　景：CO2 問題から LNG 需要が高まり、各地に LNG 基地建設が進めら
　　　　　　れた。
参 加 形 態：委員
実 施 事 項：各地の建設予定基地（約 8 カ所）に標準的な対策と地域特性に応じ
　　　　　　た防災対策を各基地の視察をして作成する。
役　　　割：主に船側との連携についてのアドバイス
エピソード：全国にわたって、毎年 1，2 ヵ所ずつ実施。基地は主に電力やガス
　　　　　　会社が運営する。

整 理 番 号：25
関 係 機 関：海技教育財団
テ　ー　マ：若年船員の就労実態
時　　　期：1997
背　　　景：内航海運の人手不足が進行する一方で船員奨学金を支給する教育機
　　　　　　関の志望者が減少し、しかも卒業生が定着しない状況になった。
参 加 形 態：調査協力
実 施 事 項：卒業生の動向把握および教育内容の評価と要望を把握する。
役　　　割：調査票を作成・配布し、採用実績のある船会社から回収した調査票
　　　　　　を集計する。

エピソード：調査を継続する間に次第に入学志望者も増え定着の度合いも高まった。

整 理 番 号：26
関 係 機 関：船員災害防止協会
テ ー マ：船舶衛生管理者試験の見直し
時 期：1998
背 景：国家資格認定試験のため、国基準の要件を満たす試験実施要領にし
　　　　　　たがって行う必要があった。
参 加 形 態：委員
実 施 事 項：船舶衛生管理者講習と試験の実施要領を定める。
役 割：船内衛生の試験問題作成
エピソード：実施内容の評価が求められるようになり、講習の状況、成果を評価
　　　　　　するようになった。

整 理 番 号：27
関 係 機 関：船員災害防止協会
テ ー マ：漁船員の災害予防調査
時 期：1998
背 景：漁船員の海中転落が多く、救命胴衣着用の義務付けが必要とされて
　　　　　　きた。
参 加 形 態：調査員
実 施 事 項：巻き網船と底引き船の作業観察
役 割：漁労作業のビデオ撮影
エピソード：調査対象の那珂湊の巻き網船団は唯一繁栄した会社で若手船員が多
　　　　　　く、危険な作業、特にレッコーボートをこなしていた。稚内の底引
　　　　　　き網は引き上げた網の漁獲が多いと危険性が高まる。後に転覆事故
　　　　　　が発生した。

整 理 番 号：28
関 係 機 関：富山商船高等専門学校
テ ー マ：海難のインシデントレポーティングシステムの開発
時 期：1998
背 景：1995の科研費が終了したのでその継続を目指した。

参 加 形 態：共同研究者
実 施 事 項：アンケート形式でヒヤリハット時の行動形成因子の状態を調査す
　　　　　　る。
役　　　割：申請書類の作成およびアンケートの作成と調査の実施
エピソード：日本海難防止協会で実施したデータベース作成項目に、居眠り以外
　　　　　　の行動形成因子を加えたアンケートを作成し、内航海運会社の協力
　　　　　　により調査を実施した。結果を日本航海学会に発表し論文賞を得た。
　　　　　　イギリス、デンマークのシンポジウムで発表した。

整 理 番 号：29
関 係 機 関：日本ヒューマンファクター研究所
テ　ー　マ：水先人のヒヤリハット PSRS の分析
時　　　期：1998
背　　　景：航空機では世界的に PSRS を進めており、水先人会の安全対策とし
　　　　　　て導入が求められた。
参 加 形 態：アドバイザー、後に PSRS 委員
実 施 事 項：報告されたヒヤリハットの要因を分析し対策を提案する水先人会会
　　　　　　誌のニュースとして毎月報告する。
役　　　割：研究所職員が作成した原案に基づき、船長経験者とともに船舶技術
　　　　　　と海上労働の面からアドバイスする。5 年ほどしてからデータベー
　　　　　　スシステムも構築し、CD を配布した。
エピソード：ヒューマンファクター研究所の設立に際してアドバイザーとし参加
　　　　　　し、開所式にも出席した。

整 理 番 号：30
関 係 機 関：船員災害防止協会
テ　ー　マ：船舶衛生管理者の活動実態
時　　　期：2000
背　　　景：船内環境の改善や講習生の減少などにより講習生の負担軽減のため
　　　　　　講習内容を見直すことになった。
参 加 形 態：調査員
実 施 事 項：衛生管理者の実務の実態と講習内容に対する要望を調査する。
役　　　割：調査事項を示し、海運会社と漁業会社の実務経験者に対するヒヤリ

ング調査。
エピソード：国土交通省の船員制度に関する施策の一つとして取り組んだ。現場
　　　　　　では重傷の処置をすることもあり、実技が重要となっていたが、後
　　　　　　に座学の講習日数を1週間短縮することになった。

整理番号：31
関係機関：船員災害防止協会
テ ー マ：船舶衛生管理者講習会用の教本の改定
時　　期：2000
背　　景：船内環境の改善や講習生の減少などにより講習生の負担軽減のため
　　　　　講習内容を簡素にするため教本を改定することになった。
参加形態：委員
実施事項：船舶衛生管理者講習会用教本の内容の見直し
役　　割：教本の船内衛生に関する章の執筆
エピソード：船員災害防止協会の衛生管理者である医師が交代し、新任者が教本
　　　　　　のリニューアルの必要性を感じ、講習日数の削減を機に彼の基本方
　　　　　　針に沿って改定に取り組んだ。同時に英語版も作成した。

整理番号：32
関係機関：日本海洋科学株式会社
テ ー マ：東南アジア商船船員教育教官研修
時　　期：2000
背　　景：ODAの一環として国土交通省が船員教育の向上を目指した。
参加形態：研修会の講師
実施事項：東南アジア商船船員教育教官が日本の教育等を習得する。
役　　割：安全に関する人的要因についての教育法について半日2日間にわたる
　　　　　講義。
エピソード：講義の内容に苦慮していた日本海洋科学株式会社から協力要請され
　　　　　　た。ディスカッションと発表を交えた研修を行い、好評のようであっ
　　　　　　た。使用したかつての現場写真にインドネシア研修生で今は教官に
　　　　　　なっている知り合いを皆が知っていて親近感をもたれた。

整理番号：33

関 係 機 関：日本パイロット協会
テ ー マ：水先人の転倒事故防止対策
時 期：2000
背 景：乗下船で多い事故には転倒もあり安全対策が求められた。
参 加 形 態：アドバイザー・調査員
実 施 事 項：凍結が多い地域の実情と滑りにくい靴の評価
役 割：北海道・東北での乗下船の実態と滑り対策を明らかし、数種の靴の
滑りを評価する。
エピソード：評価では、靴の滑り摩擦を測定する装置を作成した。産業安全研究
所の研究員が装置に興味をもってみていた。

整 理 番 号：34
関 係 機 関：富山商船高等専門学校
テ ー マ：海難の人的要因に関するインシデントレポーティングシステムの開発
時 期：2001
背 景：1998の科研費が終了したのでその継続を目指した。ヒヤリハット
調査はされるが、事例提示にとどまり、因子の影響を強化する方法
がなかった。
参 加 形 態：共同研究者
実 施 事 項：収集したアンケートをデータベース化し分析するシステムの開発。
役 割：収集したアンケートをスキャナで自動的に読み込み、クロス表に分
析するシステムの開発。
エピソード：日本航海学会とバージニア州のNASAの関連施設近くのホテルでの
シンポジウム（MARISM）で発表した。発表後大型ハリケーンで足止
めを喰い車で移動してようやく予定の国際便に間に合った。多くが並
んだ中で私に事情を聴いてくれて別の地方空港での手配をしてくれた。

整 理 番 号：35
関 係 機 関：国土交通省
テ ー マ：内航船員兼務雇入れ実証実験
時 期：2001
背 景：内航船員不足と若年船員減少が続き、必要な有資格者数が逼迫し甲
機履歴を同時に満たす雇入れの可能性を求める必要性があった。

参 加 形 態：海上労研委託事業担当者
実 施 事 項：航海当直と機関当直を兼務する船舶での乗組員の作業実態を明らか
　　　　　　にする。
役　　　　割：モデル船舶において作業分担、行動、疲労について乗船調査し、説
　　　　　　明資料を作成する。
エピソード：国土交通省で制度改正の重要な検討会のようで、打ち合わせで公用
　　　　　　車を利用したり、課長補佐との会費制慰労会などがあった。内航ロー
　　　　　　ロー船で行った実験ではそれなりにできるようで、制度は確立した
　　　　　　が、種々の手続きなどで実際に活用されていないようだ。

整 理 番 号：36
関 係 機 関：海上災害防止センター
テ ー マ：防災資機材の配置と運用
時　　　　期：2002
背　　　　景：センターが独立行政法人から社団法人へ移行する体制の整備
参 加 形 態：委員
実 施 事 項：全国に適正な時間と規模で資機材を供給する体制作りと油処理剤等
　　　　　　の適正な運用
役　　　　割：多方面にわたる協力。
エピソード：対応策に現地の理解を得るため環境の脆弱性を評価したマップに対
　　　　　　応した資機材使用を検討した。これはナホトカ号の重油流出事故時
　　　　　　の混乱を教訓に行われた。

整 理 番 号：37
関 係 機 関：日本パイロット協会
テ ー マ：水先人用救命胴衣の性能評価
時　　　　期：2003
背　　　　景：転落者を捜索で発見できなかったことから性能評価によって推奨品
　　　　　　を示す必要があった。
参 加 形 態：アドバイザー・調査員
実 施 事 項：従来型と新製品の膨張過程と浮遊状態を実験によって明らかにす
　　　　　　る。
役　　　　割：船舶艤装品研究所の水槽で実験を行い評価する。

エピソード：脇に膨らむ新製品の膨張過程は不安定で、従来のチョッキ型が推奨
　　　　　　された。

整 理 番 号：38
関 係 機 関：日本パイロット協会
テ ー マ：水先人救命胴衣の位置表示灯の改良
時 　 期：2004
背 　 景：転落者を捜索で発見できなかったことから表示灯の改善が求められた。
参 加 形 態：アドバイザー・調査員
実 施 事 項：開発が進んだ LED とキセノンランプの表示灯を比較し、より明瞭
　　　　　　で長寿命の表示灯を開発する。
役 　 割：波浪のある海域での視認性を測定する。開発は日本救命器具株式会
　　　　　　社が実施。
エピソード：キセノンのフラッシングは一見見やすいようだが波浪によって発見
　　　　　　が難しくなるので高輝度 LED で開発した。

整 理 番 号：39
関 係 機 関：日本規格協会
テ ー マ：救命胴衣の性能試験
時 　 期：2004
背 　 景：救命胴衣の国際的装備基準が幼児と XL（100kg）以上に拡張され
　　　　　　た試験方法と性能を確保する。
参 加 形 態：委員
実 施 事 項：新潟港の水先艇の協力を得て試験基準以上の波高で100kgのダミー
　　　　　　に救命胴衣を装着して浮遊状態を観察しビデオ撮影した。
役 　 割：現場調査のため船舶艤装品研究所と日本パイロット協会との調整、
　　　　　　現場での実験手配とビデオ撮影をした。
エピソード：1m を超える波高での作業とダミーと水先艇のコントロールが困難
　　　　　　で危険であり、現場での性能試験は現実的でなかった。

整 理 番 号：40
関 係 機 関：海技教育財団
テ ー マ：海技技術学校、大学校の教育と入学・就職状況

時　　　期：2004

背　　　景：内航船員の不足にもかかわらず就職状況は好転せず入学志望者の減少と就職先の偏りが生じていた。

参 加 形 態：海上労研委託事業担当者

実 施 事 項：入学、就職、船会社の採用と育成の現状を把握する

役　　　割：各地の学校と採用実績のある船会社の実情に関して視察とヒアリングを実施した。

エピソード：国土交通省が旧海員学校を2つの海技技術大学校、5つの海技技術学校に改組したが、志望者と就職状況は改善されずさらなる統廃合の危機にあった。国土交通省の船員部は実態把握の必要性があったが予算がなく財団から資金を得て海上労研に委託した。予算が僅か100万円しかなかったため、一人で清水以外の6地域を一筆書きのように廻った。外航海運のリストラで教員になった知人にも思いがけず会えたのは嬉しかった。

整 理 番 号：41

関 係 機 関：日本海洋科学株式会社

テ ー マ：船舶操縦支援装置の評価

時　　　期：2005

背　　　景：内航船員不足からかつて開発された操縦支援装置を普及し単独当直とする国のプランが進められた。

参 加 形 態：委員

実 施 事 項：操船シミュレーションで支援装置を用いて当直し安全性、負担を評価する。

役　　　割：評価指標づくりのアドバイスと実験時の評価

エピソード：支援装置はかつて現場でワークロード調査をしたときに開発されたスーパーブリッジXで、音声入出力衝突危険判断などできる当時は補助金が出た試作段階だったが、その後普及しなかった。699トン以上は2名当直のところを1名にしようとしたが、安全性については参考程度の情報で1名体制は立ち消えになった。

整 理 番 号：42

関 係 機 関：国土交通省

テ　ー　マ：公共交通機関の安全対策
時　　　期：2005
背　　　景：福知山線事故を契機に国交省の次官・全交通モードの局長からなる
　　　　　　委員会が開かれた。
参 加 形 態：アドバイザー
実 施 事 項：各交通モードの現場に精通した専門家、企業倫理の専門家の説明に
　　　　　　よって安全管理についての知見を深める。
役　　　割：研究や調査の経験に基づく安全管理についてのプレゼンテーション
エピソード：個性の強い専門家が多く、後に運輸審議会の安全確保部会が発足し
　　　　　　たとき多くはメンバーになったが2名は別の人になっていた。実務者の
　　　　　　プレゼンテーションに海事局は消極的だったが私の強い勧めで日本郵
　　　　　　船の船長経験者が行った。その後、全体として船舶の ISM コードを
　　　　　　基に考えるようになった。

整 理 番 号：43
関 係 機 関：国土交通省
テ　ー　マ：旅客船安全対策
時　　　期：2006
背　　　景：前年の委員会の検討結果、各交通モードで委員会を設け安全対策を
　　　　　　策定することとされた。
参 加 形 態：委員会委員・座長
実 施 事 項：船舶の安全管理体制を見直し新たな体制づくりを行う。
役　　　割：国交省が策定した安全管理体制について関係者の意見を集約し反映
　　　　　　する。
エピソード：各交通モード共通に従来の保安監査に加えて安全マネジメントを指
　　　　　　導する評価制度を加えた。船舶技術研究所が深くかかわっていたよ
　　　　　　うで、座長は交通整理程度。

整 理 番 号：44
関 係 機 関：国土交通省
テ　ー　マ：運輸審議会安全確保部会
時　　　期：2007
背　　　景：安全管理評価制度が開始され、その進捗や効果の実績を把握し継続

的に改善することが求められた。

参 加 形 態：委員

実 施 事 項：実施状況と現場実態の把握と改善のアドバイス

役　　　　割：毎年の確保部会会議で報告を受けアドバイスする。運送会社とモノ
　　　　　　　レール現場視察1回。広島港で演者1回。

エピソード：審議会・部会でもグリーン車だった。制度の進捗によって評価に損
　　　　　　　保会社など民間会社も加わるようになり、部会は終了した。

整 理 番 号：45

関 係 機 関：国土交通省

テ ー マ：船員災害防止優良事業

時　　　　期：2007

背　　　　景：ILO は労働安全衛生ガイドラインを定め日本は陸上産業で取り入れ
　　　　　　　られており、船員法による職場でも必要とされた。

参 加 形 態：検討会座長

実 施 事 項：ILO の指針を参考に船員災害防止における指針を作成する。

役　　　　割：国交省の原案（ほぼ陸上と同様）に対する関係者の意見を取り入れ
　　　　　　　完成する。

エピソード：陸上の専門家がプランにおけるチェックの重要性を指摘したことか
　　　　　　　らプラン段階に事前チェックを加えた。

整 理 番 号：46

関 係 機 関：日本パイロット協会

テ ー マ：安全研修プログラムの作成

時　　　　期：2006

背　　　　景：海技資格に再講習が必要になり、操船シミュレータが普及し、航空
　　　　　　　機の CRM の導入が求められた。

参 加 形 態：アドバイザー

実 施 事 項：CRM を船舶における BRM としてシナリオを作成する。

役　　　　割：MO マリンコンサルトの作成に対するアドバイス

エピソード：BRM の前提としての研修を日本ヒューマンファクター研究所が担
　　　　　　　うことになった。

整理番号：47
関係機関：国土交通省
テ　ー　マ：船員災害防止ガイドライン
時　　　　期：2010
背　　　　景：船員災害基本計画を３年ごとに更新しているが、発生率低下が見られないことから発想を変えた取り組みが求められた。
参加形態：座長
実施事項：災害発生防止において顕著な実績を果たしている事業者を表彰し、災害防止に対してのインセンティブを与える制度の設計と毎年の優良事業者認定。
役　　　　割：国交省の原案に対して意見を集約して最終決定をまとめる。
エピソード：義務とは違うインセンティブの発想で、安全マネジメント評価が監査でないという発想と通じている。

整理番号：48
関係機関：海上災害防止センター
テ　ー　マ：海上災害防止専門家会議
時　　　　期：2013
背　　　　景：法人の運営について専門家の意見を聴取する。
参加形態：専門委員
実施事項：年度末に事業運営と主な防災対策内容について報告し参考意見を聴く。
役　　　　割：有害性と作業状況について参考意見を述べる。
エピソード：設置段階から参加した。

****

　以上が関係機関と私自身が関わった活動の記録である。
　官公庁としては国土交通省、高等海難審判庁が、そして法律に基づく団体である船員災害防止協会、国土交通省所管の日本海難防止協会、日本海技協会、海難審判協会、日本パイロット協会があり、また海運会社である日本郵船株式会社が創立した日本海洋科学株式会社などがあり、これらの機関の調査・研究活動に参加している。この中には、どこかの委員会などで知己となりそれが縁で後に別の委員会に関係したようなものも少なくない。

　また、個人的な関係に基づくものもある。その典型的なものとしては、日本学術振興会の科学研究費による共同研究がある。これは、大学の同級生が富山商船高等専門学校に教官として在籍していた関係から従事した研究である。また日本パイロット協会とは大学院の先輩との関係から生まれたものである。その縁はパブリック・ヘルスセンターや日本ヒューマンファクター研究所との関係にもつながっている。因みに日本パイロット協会は水先人に関する法律が変更した関係で、現在は日本水先人連合会となっている。

（文責　大橋信夫）

第四部
漁業・水産業分野における労働に対する労働科学的研究・調査の小史

1．はじめに

　漁船に乗って魚を獲る漁船乗組員（漁船員）や、海に潜って貝類や藻類を採捕する海女・海士（共にアマ）、養殖生簀に魚や貝類に海藻類を育成する養殖業者たち、こうした人々を一括りに漁業者と称するが、彼ら漁業者の「労働と生活」は陸の者にはなかなか視界に入り難い。彼らの「労働と生活」は陸から遠く離れた洋上の漁船や養殖筏（いかだ）の上で営まれていることから、見えづらいものとなっている。それだけに、漁業者の「労働と生活」に対する学問的な関心も薄くなりがちである。漁業者の「労働と生活」は、陸の者の視界から遠く、馴染みが薄いだけに、その反面として漁業者の歴史や伝統・文化に民俗・習俗に対する関心が高いこともあり、そういった面での研究は、労働科学的研究よりは古くから多く取り組まれていて、学問的成果も多く残されている。

2．第二次世界大戦後に始まる漁業・水産業分野における労働科学的研究・調査

2.1　『貧しさからの解放』から

　漁業者の「労働と生活」が本格的に学問研究の対象となったのは、第二次世界大戦が終わった昭和20年代以降といえる。それは、第二次世界大戦後（以下、単に“戦後”とする）の『戦後改革』を契機とし、戦後改革の一環である「漁業制度改革」の一部として取り組まれたのである。

　当時、日本の漁業が置かれた時代状況と、漁業を生業としている漁業者の暮らし（労働と生活）に焦点を絞って、研究者自らの手でルポルタージュしたものとして1952（昭和27）年に中央公論社から発売された近藤康男の編著『貧しさからの解放』[38]がある。その第2部「われは海の子」に終戦直後の日本漁業・漁村の姿が

---

(38) 近藤康男他、共同研究　貧しさからの解放、中央公論社、1953

詳しくレポートされている。これは、東大教授であり農林省統計局の局長を兼務していた近藤康男を編者とし、気鋭の研究者34名が終戦後の日本農業や漁業および林業などの第一次産業に就労する人々の生活と労働の姿を現地に赴き、生活を共にしながら彼らの暮らしを調査・研究し、彼らの窮状を告発したものである。労働科学研究所からは、顧問であった暉峻義等をはじめ研究員の楠喬、藤本武の3名が参加している。

『貧しさからの解放』第2部「われは海の子」は劇作家の村山知義による戯曲『死んだ海』[39]の一節から始まっている。

「『毎日魚を食べている我々である。しかもその魚をとる人々が、どういう労働をし、どういう暮しをしているかについて關心を持っている人は實に少い。大資本家的企業になつている捕鯨やニシン漁などについては、時々新聞紙上にもあらわれる。だが現在日本の魚の大部分を占めるイワシ、サンマ等々を取る沿岸漁業については、ほとんど語られない。だが今そこは大へんなことになつている。そこは最低賃金制のない歩合制（ぶあい）という全く封建的な制度に支配されている。船員法は適用されていず、勞働基準法に牴觸する少年の年季制度的なものさえ行われている。食うものがなくなれば集團野荒し、薪がなくなれば官有林の盗伐が行われ、娘や少年は前借で売られている。納屋（なや）の者は窓もない狭い部屋で多勢が重り合つて、晝間の重い労働に疲れはてた身體を休めねばならない。そういう封建的な待遇は全然改めねばならない。しかし彼等を使つている中小漁業家自身が、もう没落しつつある。そいつと闘えば、と思つていた當の相手が、もう滅びかかつているのだ。

漁撈の方法をもつと科學的にすればいい——それは確かにそういうこともあろう。だがそのための資本は誰が貸してくれるのか？魚群探知機や無電を据えつけることさえ、漁夫の犧牲においてしか行われ得ない。現實を見れば、政府は中小漁業を潰してしまうつもりなのだとしか思われない。そこへもつて來て、漁場が外國の演習地にされて、そのために損害を蒙りつつある所もある。船主も漁夫も自信を失い、早く轉業したいとねがい、父は子を漁夫にはしたいと思わず、娘は漁夫にとつごうとはしない。これでは日本の海はもう死んでしまつたも同然ではないか？』

これは戯曲『死んだ海』の作者の言葉だが、まことに日本の海は死のうとしている。われわれはこれを守らねばならない。これを守ることは、一方では漁民の、否日本の大衆の貧しさからの解放であると共に、一方では民族の獨立を守ることにもなる。

---

(39) 勝山俊介、「死んだ海」・村山知義の仕事、あゆみ出版、1997

それはまた世界の平和を守ることにもなると思う。私たちはそれを、日本の漁業の現状を描きつつ見極めて行こうと思う。」（106頁〜107頁）

　続けて、第1章「世界一の漁業国」第一節「睡眠の収奪」で、当時の漁船での漁業者の「労働」と船内「生活」について以下のように述べている。そこでは、労働科学研究所の暉峻義等を始め同研究所の研究員が、実際に操業する漁船に乗り込んで実態調査した結果が報告されているのである。

　「日本の漁業は年間10億萬貫、世界の總産額の4分の1を産して世界一を誇つているが、その内容はどうであろうか。それは24萬戸の漁家と2萬2,000の企業體、従事者數150萬人の共同生産物である。ところで一口に漁業といつても、漁家と企業體とでは大層相違があるのであつて、漁家は漁業経営體の統計の中では9割以上を占めているが、その生産高は總數の3割にしか達せず、日本の漁業生産の中核體は漁家ではなく、少數の企業體にある。企業の形態としては、會社や共同経営や個人企業で、漁業の種類は、トロール船のような規模の大きい遠洋漁業や沖合漁業である。漁家の漁業は主として沿岸の小規模漁業である。
　このような莫大な漁獲をあげる労働そのものはどんなものであるだろうか。われわれは一尾のタイやイワシを食膳に上せることができても、それがどんなふうにして捕えられたかの労働過程を知つていない。しかし、それを知ることはわれわれが漁業を根本から理解するための出發點だと思う。しかし、労働の様式、労働の強度、労働日、労働環境などという點になると、遠洋と沖合と沿岸の各漁業によつてかなりな相違があるので、それを區別して説明をせねばならないと思う。その點を通覧するならば、世界一の日本漁業というものは、世界一の搾取制度の上に立つものであることを認めざるをえないのである。
　大きな漁業はいろいろあるが、赤道まで行くマグロ漁業や支那海のトロール漁業で代表することができる。トロール漁業は300乃至500馬力の動力で強力な牽引や巻上装置をもち、投網、曳網、揚網など作業機でやるし、冷凍装置もあつて完全に機械化し、人間は機械を補充しているだけである。船長・司厨員に至る30名の乗組員は分業化している。甲板員はウィンチの回轉について、投げられたり揚げられたりするロープの動きや、オッターボード（網を擴げるためロープにつけた板）の沈下速度や角度を計算したり、操舵や天測に従事する。機關員は機關員で、エンジンの回轉、管理、修理、計測、記録などをする。發電氣、冷凍機、送風機の操作をする。すべては機械化し分業になつている。トロール船というのは300乃至500

トンあつて、漁場では夜となく書となく航行をつづけ、大體5時間を1周期として、1日4、5回曳網をする。従つて書夜の區別がなくなるので乗組員の睡眠は奪われ、寸斷される。暉峻義等氏の調査によれば、船長は1日12時間の勞働を書夜に折半している。機關長は11時間乃至12時間を書6と夜4の割合で、甲板員は最低8時間から12時間、これも全體としては同じく書と夜に折半されているが、極端な場合には夜の勞働時間が書のそれの4倍になつたり、書の勞働が夜の3倍になつたりしているものもある。甲板員のなかで冷凍室勤務は特別の扱いをうけ、時間も5乃至7時間半である。

　トロールがイギリスから輸入された近代的技術に基づいたものであるのに對して、東支那海方面へ出て行く以西底曳（東経130度によつて西と東に分け、それより西での底曳を以西底曳という）は、打瀬網などから発展したもので、漁勞作業に手勞働がたくさん残つている。これは100トンばかりの2隻の船で擴げた網を曳いた後に接合して網を締めて引上げるのだが、投網の場合、網の角度は機械的に調節されるが、投網は主船と從船の甲板上の漁夫の操網作業で行われているし、漁獲物の入つた重い網を海中から甲板上に吊上げる作業は機械力だが、補助動力、傳導機の使用などは漁夫の筋肉勞働で、手勞働が残つている。だから船長・航海士・機關長・通信士・司厨長という職制は一應分けられており、分業になつているが、投網や揚網の際には、甲板員だけでなく、機關員も司厨長も、時には通信士もこれに参加するのであつて、その分業はトロールのようでない。しかし底曳の勞働時間はトロールの場合と似ている。2、3時間を1周期として毎日5、6回の曳網である。船長や航海士は勞働時間も短く書の勞働が多いが、操機長は15時間半に及んでいる。これは操機長がエンジンの管理ばかりでなく、漁獲作業にも動員されるからである。甲板員が7乃至9時間であるのに機關部員は12時間を超えており、書夜に折半されているが、これも漁獲作業のために甲板に動員されるから、こんなに長い。

　トロールにしても底曳にしても勞働時間も長いが、それよりは睡眠が寸斷されるという點が問題である。暉峻義等氏は、自分で漁船に乗組んでこの調査をしたとき、次のようにいつている。「われわれは底曳、トロール漁船において、いま一つのきわめて特異な勞働と生活の様式を発見した。それは人間が幾萬年の間に慣らされてきた書と夜との區別に従つて生活し勞働するという生活慣習が、この近代的生産方式の鐵槌の下に、ボロボロに打ちくだかれているという事實である」と。この二つの漁業における勞働の重要な點は、1日の勞働時間の長さではなく、睡眠回数とその毎回の繼續時間の長さ、すなわち勞働形態の問題にある。それが南氷洋や北洋のような夜の短いところでは一そうはなはだしくなる。彼らは、寸斷された睡眠をちよ

つとの暇をみつけては奪回している。汗をかきながら崩れたように寝ている。そういう日が2週間、この頃は長くなつて50日も60日もつづくのである。30歳をこすと遠洋へは行けなくなるのは當然である。

トロールの船長に、せめて深夜の零時から5時までの5時間だけは曳網しないようにして、當直以外をゆつくり眠らせる譯にはゆかないかと質問したとき、船長は「500㌧のトロール船は夜投錨して眠るわけにはゆかない。技術的に好ましからぬことである。不可能に近い。全員を眠らせておいて網も曳かずにただ空手で走つているわけにもゆかない。どうせ燃料を使つて走るからには、網を曳いた方が生産的であるという理論の方が正當である」と答えている。

船や機械は休止していてもたえず損耗している。資本家は新たな機械が出現して自分の投資した資本が競争に耐えなくなることを恐れているので、できるだけ早く機械に投ぜられた資本を回収しようとする。船長が夜業の廃止は採算に合わぬと述べるのは、そのような關係の素朴な表現であろう。世界一の漁業國は、このような人間から睡眠を奪い取るというような非人情の基礎に立つてのことなのである。」（107頁～111頁）

敗戦後の連合国による占領政下の日本漁業が如何なる状況にあり、かつ「船員法」を始めとする労働法規の対象外でもあった漁船船員および漁業者の生活状態が如何にミゼラブルな状況であったのか、といった事柄の一端が『貧しさからの解放』から読み取れるものと思う。漁業者が当時置かれた暮らし（労働・生活）を「科学的」に把握する試みとその努力を暉峻義等らが終戦と同時に始め、その研究成果の一部を先に見たように『貧しさからの解放』として、当時の社会にぶつけたものである。

2.2　暉峻義等が漁業者に対する労働科学研究をはじめる

労働科学研究所の研究者による漁業・水産業に従事する漁業者の労働が「労働科学」の研究領域として対象化されたのは戦後からであるが、暉峻義等は戦前から個人的に海女の研究を始めており、その研究は既に世界的にも評価されていて、暉峻は個人的に海で働く人たちに強い関心を示していたという[40]。とはいえ、漁業・水産業に従事する人々（漁業者）に対する労働科学的な調査・研究が本格的に実施されたのは第二次世界大戦後以降であることは先にも述べたが、それまでは労働

(40) 岩崎繁野、漁業調査と暉峻先生、暉峻義等博士と労働科学、暉峻義等博士追憶出版刊行会、1967

科学研究所の初代所長であった暉峻義等が個人的に関心を持っていたに過ぎなかった。しかし、戦後の日本を占領統治した連合国（第二年次世界大戦の戦勝国：英国、米国、オーストラリア、ソ連＜ロシア＞、中華民国＜中国＞）総司令部（GHQ：General Headquarters）は全ての分野での『戦後改革』の実施を日本政府に迫った。GHQ の『戦後改革』は、戦前日本を支配していた軍部と地主を全面的に否定することから始めた。絶対君主（天皇）制から主権在民（国民主権）制への移行を行うと共に、経済分野を始め労働行政から教育制度まで、国民生活の全ての分野にわたって『戦後改革』を行った。その一環として、農業・水産業分野では、農地改革を始めとして漁業制度改革や船員制度改革などの諸改革を日本政府に強く求めた。船員制度改革の中心に、戦後の新しい秩序に「船員法」を改めていくことが求められていたが、その改正手続きに必要な基礎データはどこにもなかった。

　そうした状況下にあった労働科学研究所に、西部徹一が暉峻義等所長を尋ねてきた。西部は、東京高等商船学校（後の東京商船大学、現在は東京海洋大学）を卒業しており、卒後、海運会社に航海士として就職するが身体を壊し、療養生活を過ごす。その後、商船学校の教官や国策で作られた研究機関の研究員等を経験してきた。暉峻との面接で、西部は「海上労働の調査・研究をしたい」といったところ、暉峻は、西部の採用を即座に決めて、西部に、商船ではなく漁船での乗船調査を命じたといわれている。その経緯は、大橋信夫が西部徹一の回顧談として第 1 部 2.2.1 に詳しく記している通りである。西部徹一は、その後、労働科学研究所から独立した海上労働科学研究所の初代所長となった。

　その一節をみると、西部が労働科学研究所に採用された時、『面接の際に暉峻所長は大きな誤解をしたらしい。「海上労働の研究をしたいと言って即座にＯＫとなったが、暉峻さんは漁業労働の研究だと思ってＯＫしたことが後になって分かったんだよ」と西部先生から聞いたことがある。なんでも「入所して間もない頃に九州のどこかに行って漁業の実態調査をしてこいと言われたんだが "それは私のやりたいことではありません" と答えたんだよ。そうしたら暉峻さんが "お前は船で働く人の研究をやりたいと言ったじゃないか" と怒ってね。あの鋭い目で睨みつけられたよ。でも "ええ、私は確かにそう言いました。でも漁業ではなくて商船の労働のことです" といったら暉峻さんは黙っちゃってね」と労研に特別研究生として入所して間もない私（大橋信夫：筆者注）に笑いながら聞かせてくれた』とある。

　西部が労働科学研究所に入ったことで、労働科学研究所においても船員労働の実態解明に関する調査・研究がスタートし、そうした動きが原動力となって、当時の運輸省は「船員法の改正作業」に本格的に取り組める体制をつくられたのである。

　暉峻義等にとっては海上労働の研究は「漁業労働の研究」であり、東京高等商船学校の出身者である西部にとっては「商船労働の研究」のことで、当時の東京高等商船学校出身者で海上労働に関心のある者にとっても「漁業労働」は視野の外のことであったことを物語っている。

　当時は、海上を労働の場とする者にとっても「漁業労働」は馴染みの無いものであり、ましてや陸（おか）で日常的に生活する人間にとっては、「海上労働」に対して興味が持たれることが少ないのは当然といえる。今日でも、多くの人たちは、漁船乗組員などの漁業者といえば、北島三郎や鳥羽一郎が唱う『演歌の世界』やテレビが競って映し出す『津軽のマグロ釣』といった「見せられる」世界を知っているに過ぎないのではないか。

　しかし、「漁業労働」が日本の各地で、また世界各地でも行われていることによって、私たち消費者は都会で、または農山村で、日常的に海の幸（魚介類）を食卓に、時には豪華な宴の添え物として供されているのである。漁業者によって漁獲・生産された魚介類は流通業者（卸売人・仲買人）を通じて加工業者や小売人（スーパーマーケットや専門店も含む）に販売され、最終的に消費者に届けられているのである。漁業生産者（漁業者）だけで無くこうした水産物の流通・加工・販売を担う人たちも含めて水産業者と称している。

　魚介類を漁獲する漁業と、それらを流通、加工、販売する水産業で働く人たちの労働に関する学問的関心は、先に述べたように第二次世界大戦が終わってからのことである。第二次世界大戦は日本が敗戦することで終わったが、戦後は戦争による破壊からのあらゆるものの再出発であった。中でも、最優先されたのが食糧事情の改善で、占領政策を実施したGHQは、強権的に農地改革を行うことにより食糧の確保を図ることを意図したのである。農地改革により、農地持ち小農（小作人の解放により農地所有者による生産性の改善を図る）による米作優先の農業政策を推進していった。その傍ら、タンパク食糧の確保を漁業生産に委ねることとし、農地改革後直ちに漁業制度改革に取りかかり、漁業生産を急速に回復する施策が実施された。戦後復興にとって、何よりも先駆けて国民食糧の確保が優先される施策を実施する必要があった。その為にも、水産物食糧の生産者や、その流通を担う水産物供給業者の労働と生活が、戦後の混乱期にどの様な状況にあったのかを把握するのがGHQにとっても、最重要課題であったものと思われる。

　以上のような時代環境にあったから、労働科学研究所の暉峻義等が抱いていた学問的関心事と重なるところがあり、戦後改革とともに、労働科学的調査・研究の対象に漁業者の労働と生活が加えられていったものと考えられるのである。

2.3　漁業労働の特質

　先にも述べたが、漁業に従事する労働者（いわゆる漁業者）の労働は、陸から離れた洋上の漁船に乗って海中に棲息する水産資源を捕獲することから始まる。捕獲する水産資源の動向如何によって漁業労働は昼夜を問わず行われ、しかも資源が漁場に留まり、漁獲できる限り操業は続けられる。そのため、漁業に要する労働時間は資源の状況により左右され、季節によって長短が激しく変動するといった特徴がある。それだけに、陸上産業で行われている「計画的」な生産活動に漁業生産は馴染めないという特徴もある。こうした漁業労働に特有な性格は、魚や貝、海藻類といった水生の生物学的習性を持った水産資源を労働対象としていることに起因しているからといっても過言ではない。加えて、水産資源が棲息する水域は、潮流や風波、水温、塩分濃度といった海洋環境の影響も受けている。漁業労働が行われる労働環境は、生産の場が海洋環境の変化を直接被る海上にあり、労働の対象が生物資源であり生物の持つ習性に左右される側面も加わり、生産計画に基づく規則的で予測可能な生産が基本である陸上産業の労働態様とは大きく異なっているといわざるを得ない。そうしたことから、漁業労働には極めて不規則な要素を多分に持ち、不確実性の高い労働様式が、科学技術が高度に発達した今日においても、なお一般的なものとなっている。それだけに、漁業労働者は生産の対象である水産資源や海洋環境の変化に影響を受けた労働が強いられることになる。従って、計画通りの生産を実現することが極めて不可能な産業でもある。また、予定不調和な要素が強いことから、漁船という限られた労働空間の中で、不調和な部分を吸収して予定調和的な生産を実現していく能力が生産者である漁業者に求められており、それだけに彼らの労働自体が現実に生起する現象の緩衝材（バッファー）となっている。それだけに、また漁業生産で起こる諸矛盾を表面的には見えにくいものとしているところがあるといえる。

　こうした漁業労働が持つ特質は、漁具や漁船、その他養殖技術も含めた漁業技術全般が進歩しても、また付随する情報技術が進歩し漁業のICT化が今後進んでも、基本的に変わるところはないと考えられる。漁業が行われる場が自然界の海上であり、漁獲の対象が生物資源でもあり、両者は人間が完全な形でのコントロールを不能とする空間で行われる活動でもあり、それは昔から基本的に変わるところはないからである。

　といっても、勿論、人間が行う労働と生活であることから、基本的な部分ではお互いに共通する部分もあるが、労働が行われる場所や空間、労働が発生する時間

124

帯の違いによる漁業・水産業に固有の違いも多い。この『違い』に注目し、この『違い』に軸足を置いた労働科学研究が、漁業・水産業における労働と労働科学研究ということになる。

3. 年表からみる漁業・水産業分野の推移と、労働科学的研究の歩み

　ここでは、戦後の漁業・水産業の主要な動向を中心に、国の行った政策および行政的な動きと業界の動向を年次別に整理するとともに、それらの動きと対応させる形で実施された労働科学研究所および海上労働科学研究所が実施した調査・研究動向とその成果を列挙した。

　付表2に資料として掲示した年表『戦後漁業・水産業の動向と労働科学研究・調査テーマ』は、戦後（第二次世界大戦以後）の日本漁業・水産業の歩みと、労働科学研究所と海上労働科学研究所が実施した漁業・水産業に関わる労働科学的研究・調査を年表として対比している。年表の左側は日本の漁業・水産業の主要な動向を、その右側に労働科学研究所および海上労働科学研究所が取り組んだ調査・研究の成果物（研究・調査報告書等）を掲示している。漁業・水産部門を主として担当した研究者は、終戦直後の1946年頃から1960年代初め頃までは、労働科学研究所の所長であり、その後顧問となった暉峻義等と岩崎繁野が、それ以降の労働科学研究所時代を暉峻義等、岩崎繁野、大橋信夫、服部昭、杉原弥生が、海上労働科学研究所となってからは岩崎繁野、大橋信夫、服部昭、三輪千年、中村史也、久宗周二がそれぞれ担当した。ここで報告されている研究成果は、担当者だけで作成されたものではなく、他の商船部門等の研究員も協力して実施されたものである。

3.1　終戦から日本漁業・水産業の復興期（1945年−1960年）
　：暉峻義等、岩崎繁野

　1945年8月15日に連合国の「ポツダム宣言」を受諾することで日本の戦争（第二次世界大戦）は終ったが、戦争は日本の水産業界に壊滅的な損害と損失を与えた。戦後は、水産業界にとって他産業分野と同じく戦争からの復興が重要な課題であった。戦争によって、農業と水産業にとって必要とする労働力（農民・漁民）を兵士として収奪されると共に、農具や漁具・漁船などの農・漁業の生産手段をも兵器として供出させるなど、ことごとく農・漁業の生産力を奪い尽くす以外の何ものでもなかった。その戦争が敗戦で終わったことから、戦後、農・漁業の国内での生産を再開

しようにも、労働力や生産手段などの再建に必要な経営資源が確保できず、食糧生産（農業および漁業の生産）を、早期に再開できないでいた。その為、食糧メーデーなどの暴動が各地で頻発していた。食糧供給産業である農業と漁業は、戦争による壊滅的状況にあり、国民はおしなべて極端な食糧の不足に陥り、都市生活は"竹の子生活"を余儀なくされていた。

3.1.1　戦後改革と漁業分野における労働科学研究・調査

　そうしたことから、戦後日本を占領した連合国総司令部（GHQ）の最大の課題は食糧不足を解消するために、食糧供給産業である農・漁業の生産性を上げることにあった。GHQ は、日本政府に農地改革（地主制から小作人を、農地所有の小農生産者とすることで農業生産を拡大することを狙う）と漁業制度改革（漁村を支配していた網元に隷属していた直接的生産者である漁業者を解放し、漁業組合を漁業協同組合（漁協）に再編成し、漁業権の管理を漁協に委ねるものとする漁業法の改正が行われた）を強く迫ることで、農業および漁業の生産性の拡大を目指したのである。

　水産業を振興することで食糧不足の解消を目指したことから、漁船建造や漁港の整備などインフラ整備に戦災復興資金を投入した。しかし、漁業の多数を占めていた沿岸漁業は漁船・漁具等の生産設備は戦前のままであり、資金も乏しく、しかも漁業を担う労働力も不十分であったことから、生産性は低いままであった。正しく、沿岸漁業者の姿は近藤康男らが描く「貧しさからの解放」そのものだったのである。

　その一方で、GHQ は戦前に軍事力を背景に日本漁船団が朝鮮半島や台湾周辺海域、さらに北洋や南洋海域へ漁場を拡大（侵略）していったその漁場を取り上げ、日本漁船の漁場の縮小を図った。いわゆるマッカーサー・ライン（マ・ライン）の設定である。日本漁船が操業できる海域を日本周辺（ほぼ 200 カイリ内に等しい）に限ったのである。それは、戦前に海外の漁場で操業していた母船式捕鯨や母船式サケ・マス漁業、遠洋トロール、遠洋マツオ・マグロ漁業などの遠洋漁業の全面的否定であったのである。

　国民食糧の確保のために、漁業生産の拡大を図りながら、日本漁船が操業できる漁場を日本周辺海域に限定するという矛盾した政策を実施した（GHQ は、流石に矛盾していることは承知していて、マ・ラインの設定で否定した母船式捕鯨業に限って、早くも 1946（昭和 21）年には南氷洋捕鯨の出漁を学校給食などで必要となる動物性蛋白質の確保のために認めている。その為、当時の小学生であった人々に、学校給食で鯨肉を食べた記憶が残っているのではないだろうか）。

　食糧生産の増大を推し進める一方、漁場がマ・ライン内に閉じ込められていたこ

とから、戦後の復興期の早い段階から操業する漁業で「乱獲」状況や「漁業紛争（漁場争い）」等が頻発し、漁業調整が水産施策の中心的な課題ともなった。

3.1.2 講和条約締結後の遠洋漁業再開と海上労働科学研究・調査

　1952年には日米講和条約が締結されGHQによる占領は終わり、マ・ラインも撤廃されることとなる。マ・ラインが撤廃され、日米加3ヵ国漁業条約が1952年に、日ソ漁業条約は1956年に各々調印され、禁止されていた北洋サケ・マス漁業（母船式操業）や遠洋トロール漁業（冷凍工船漁業）が随時再開され、戦後再び、遠洋漁業へと再出発することとなった。その一方、日本海に韓国により「李承晩ライン（李ライン）」が一方的に施行され、李ラインが撤廃されるまで、日本海で操業する日本漁船の韓国官憲による拿捕事件が頻発した。

　1954年には、ビキニ環礁付近でマグロを漁獲していた静岡県焼津の第5福竜丸が米国（アメリカ）による水爆実験で放射能を被曝するという事件が発生。日本にとっては広島、長崎に続く放射線被害であり、その結果、築地に上がる太平洋で獲れたマグロが廃棄されるという事態に発展した。この時（1954年）は、マグロを獲る漁業者だけでなくマグロを扱う市場の関係者も汚染を受けた対象者として調査された。魚介類を取り扱う築地市場全体業が全般にわたって多大な影響を受けることとなる（築地に上がったマグロが汚染マグロとして廃棄処分となり、マグロ産業が打撃を受ける）。その結果、マグロ漁船はマグロを求めて大西洋にまで出漁することとなるのである（この57年後には、東日本大震災によって引き起こされた福島での原子力発電所の事故で、またもや日本の漁業は被害に苦しめられることとなる）。

　戦後復興期は、食糧不足（食糧インフレ）でもあり、魚を獲って国内市場に供給すると、消費者は魚を奪い合うように競って購入する時代でもあった。その為、供給体制を整えた漁業生産は急速に成長できた。しかし、食糧の不足状況が緩和され国内市場が供給飽和の状況となると漁業の成長スピードは落ちていった。

　「貧しさからの解放」[38]が描き出した日本漁業・漁村の姿は、丁度この頃のことであり、終戦から漁業の再建と同時に、復興へと胎動する姿を、働く漁業者の立場から捉えたものともいえる。この間に、漁業・水産に関する労働科学的研究・調査をテーマとした成果は付表2に示したとおり労働科学研究所の暉峻義等が中心となって纏められている。これらの調査に、岩崎繁野は多くに関わっていたのである。

　因みに、この期の漁業を支えた漁業就業者を国勢調査からみると、戦前の1940

(38) 近藤康男他、共同研究　貧しさからの解放、中央公論社、1953

（昭和 15）年が 524,958 人で、戦後直後の 1950（昭和 25）年には 690,400 人
（男 623,811 人、女 66,589 人）。戦後復興期ら高度経済成長にかけての 1955（昭
和 30）年は 708,103 人（男 563,503 人、女 144,599 人）と増加する。これ以降、
漁業就業者数は減少していく。1960（昭和 35）年には 680,829 人（男 527,160 人、
女 153,699 人）と減少（女子は増加）することとなる。

3.2　復興を脱して、高度成長期（1960年ー1970年）
：岩崎繁野、大橋信夫、服部昭、広田弥生

　1950 年代後半から 60 年代にかけては、日本経済が戦後復興期を脱して高度経
済成長へと突き進む時期でもあり、日本漁業も経済成長に伴って大きく成長してい
く過程であった。日本漁業は「沿岸から沖合・遠洋へ」を政策的スローガンとして
掲げ、漁場の拡大策を積極的に取っていた。復興期の漁業は不足する食糧を供給す
ることを使命としていたが、高度経済成長期を迎えた漁業・水産業は拡大する国内
市場を背景に、遠洋・沖合漁業の生産拡大と沿岸漁業の沿岸物の魚価高に支えら
れた展開を突き進んでいた。漁業生産の成長と拡大は国内市場の拡大に起因する
が、成長を支えたもう一つの重要な要因として漁業経営の近代化政策があった。他
産業に遅れた漁業を、技術面で近代化するために資金的な優遇措置を積極的に行
っていた。

　多くの分野で近代化に向けた制度改革と、漁船や操業に対する技術面での近代
化策がこの時期に推進されたのである。その一つが、水産物の生産から流通過
程におけるコールドチェーン化である。それらの漁業・水産技術の技術革新に伴う、
労働組織・指揮系統の改変や労働者への負担等についての労働科学的調査・研究
需要も多く、労働科学研究所および誕生したばかりの海上労働科学研究所がこれら
の研究需要に、精力的に取り組んでいた時期でもある。

3.2.1　高度成長下で拡大する漁業生産と海上労働科学研究・調査

　水産物商品のコールドチェーン化に伴って、遠洋マツオ・マグロ漁船での冷凍化
（船凍漁船化）が進み、漁船内労働の冷凍作業が一般化する。また、遠洋・沖合
漁船が冷凍化することで漁船の航海日数が長期化し、遠洋マグロ漁船では 1 年を超
え、2 年近くまでとなる船も出現していた。そういった面での漁船乗組員の負荷の高
まりが社会問題化していた。

　経済が高度成長した影響として、経済成長に伴う水産物市場の拡大と共に、漁業
生産技術も著しく進歩し、漁業も拡大成長することができたのである。しかし、経

済成長は日本の沿岸部を埋立て、石油コンビナートや重化学工業などの素材型産業を集約的に建設していった。その結果、海や河川、湖沼を生産の場とする漁業にとっては、漁場が奪われることとなり、日本各地で漁業権を巡る争いが発生した。また、臨海部に出来た素材型産業は大気や排水の汚染問題を引き起こし、沿岸漁業は被害者となり『公害』に悩ませられることともなったのである。

　この時期の労働科学研究も、以上の時代的背景を反映して、航海日数が長期化した遠洋マグロ漁船乗組員の調査を始め、新技術労働に対する労働影響調査、低温環境労働の人体に及ぼす影響調査などが積極的に行われている。労働科学研究所および海上労働科学研究所における漁業分野を担当した主な研究員は、岩崎繁野、大橋信夫、服部昭、広田弥生であった。当然に彼らだけが調査・研究に当たったのではなく、多くの同僚研究員が彼らをサポートしていた。調査対象の漁船に直接乗船して調査し、資料を収集したのは専ら服部昭や大橋信夫であった。一方、岩崎繁野は、沿岸漁村での婦人労働に着眼し、全国の沿岸漁村に赴き、漁業における婦人労働の実態の究明に努めており、漁業における婦人労働研究の先駆け的な成果を多く産み出しており、その後の漁業分野における婦人労働問題に多大な影響を及ぼしている。

　この間（1963（昭和38）年〜1978（昭和53）年）の漁業就業者数を漁業センサスからみると、1963年は625,935人（男523,137人、女102,798人）、1968年は593,829人（男486,155人、女107,674人）と漁業就業者は減少するが、何とか60万人前後は維持していた時代である。

3.3　石油ショックから200海里時代へ（1970年−1990年）
　　：服部昭、大橋信夫、篠原陽一、青木修次

　1972年の第四次中東戦争を切っ掛けとして第一次石油ショック（1972年）が引き起こされ、世界経済全体に重大な影響を与えた。中でも、中東からの石油に頼って成長してきた日本経済の景気は一気に冷え込み、あらゆる産業分野で減速経済へと移行することとなった。特に、漁業の分野は、漁船を動かし操業するにも、また漁獲物を冷凍保存・流通させるにも石油を大量に消費することから、石油価格の高騰は漁業・水産業経営にとって死活問題でもあった。石油危機を契機に、漁船の省エネ化や操業の省力化に積極的に取り組まざるを得なくなり、水産庁も漁業の省エネ・省力化技術への開発を活発化させ、マグロ延縄漁船の省エネ・モデル漁船の普及などが積極的に取り組まれた。こうした漁業の省エネ・省力化に関わる労働科学的研究に対する需要も高まりをみせた。

3.3.1　石油ショックと 200 海里時代の漁業生産

　70 年代は、石油ショックの幕開けに始まり、続いて 200 海里問題が日本漁業に襲いかかるというダブルパンチを日本漁業界に喰らわせた時代でもあった。

　200 海里問題は、1973 年に国連で「第三次国連海洋法会議」第 1 会期が開催されたことに始まる。それまでの国連での論議は、従来までの海洋秩序が「公海自由の原則」と「無主物の先占」を前提としていたことから、日本などの漁業国は世界の海に操業の場（漁場）を求めて相手国の沿岸域近くまで出かけ操業を行っていた。また、当時の国際秩序や世界政治・軍事バランスなども海洋秩序に影響していたのであるが、アメリカとソ連（現ロシア）の覇権争いの二極化の中でも主要な論点になっていた。両国に、軍事行動が都合よく行え、自由航行が可能な公海部分を広く取りたいという背景があった。一方、60 年代から世界各地で起こった植民地独立戦争（解放闘争）を背景として、独立国は自国資源の主権的権利を確保する「資源ナショナリズム」の主張を高め、200 海里内資源を囲い込む気運を高めていった。「資源ナショナリズム」を主張する途上国の動きに先制する形で、アメリカは国連での結論を待たずに、1977 年に自国 200 海里水域に「漁業専管水域」を一方的に宣言した。このアメリカの動きに対抗するようにソ連（当時）も間髪を入れず「200 海里法」を国内法として制定したのである。その後、EC 諸国（現在の EU）やカナダ、日本も追従する形で「200 海里」制を実施することになった。その結果、海洋秩序は一気に 200 海里へと突き進み、「200 海里」への動きが世界の趨勢となった。そして、日本漁船も世界の漁場から逐次締め出されていった。当時、テレビ CM でも「200海里で魚が食べられなくなるので焼き肉を食べよう」といった旨の焼き肉タレメーカーのコマーシャルが頻繁に流されていたのも、記憶にあると思う。

　1984 年 4 月 30 日に国連総会で「海洋法（以後、国連海洋法と称す）」が 130 ヵ国の賛成票が投じられて採択された。賛成したのは日本を始めフランスなど。一方、反対はアメリカにイスラエル、トルコ、ベネゼエラの 4 ヵ国。英国やソ連、西ドイツなどの 17 ヵ国は棄権した。国連海洋法は、沿岸国に 200 海里内資源の主権的管理権（管轄権）を与えるものとなったが、沿岸国に資源の管轄権を一方的に付与しただけでなく、資源の管理義務をも同時に課すという双務的規定となっている。従って、沿岸国は囲い込んだ 200 海里内資源に対して管理義務が課せられた。日本も 200 海里内の主要魚種（イワシ、サンマ、スケトウダラ、マアジ、サバ、スルメイカ、ズワイガニの七魚種）に TAC（Total Allowable Catch：漁獲可能量）を定めて管理している。世界的なこうした動きから日本漁船が操業する漁場は狭められたが、沖合でのイワシ漁が好調であったことから国内総漁業生産量は 1,000 万㌧を超える

まで伸び、1984年には、日本は過去最高の総漁業生産量1,282万㌧を記録する。それ以降は減少に転じ、2018年には422万㌧と3分の1以下まで減少した。

　日本漁船の国内総漁獲量は年々増加していったが、その一方で、200海里内の沿岸域や沖合域の漁獲生産量は減少し、沿岸や沖合の漁業でいわゆる乱獲状況をつくりだすものとなった。先にも記したが、高度成長期に大都市や新産都市周辺の臨海部が工場用地等で埋め立てられることで沿岸域の優良漁場の多くが失われることとなった。加えて、臨海部に建設された工場から有害物質等が垂れ流されることも多く、水産資源にとって最悪の環境がつくり出されていった。こうした水産資源の減少により、水産資源を護り、資源の維持を図ることで漁業の持続的発展を目指すという「資源管理型漁業」が政策的に立案された。200海里で失った遠洋漁業に替わって、日本周辺の200海里内の沖合や沿岸漁業を再構築し、漁業の持続的発展を目指すというのが狙いである。そうすることで、200海里内の水産資源の回復と資源の管理を徹底させるというもの。漁船漁業だけでなく、沿岸でのノリやカキ、ワカメに魚類のハマチやタイなど多様な水産物が、技術革新を進めてきた養殖業により盛んに行われるようになるのもこの頃である。全国各地の養殖場で生産された水産物商品が、高度経済成長以降に、魚屋に替わって登場したスーパーマーケット等の量販店でパッケージに加工され、家庭の食卓に頻繁に上るようにもなるのも、この時代である。

　70年代に入って国民生活が大きく変化した中で、漁業に関わる変化として国民の魚介類消費のあり方に起因するものがある。その変化は、家族の形態が大家族制から核家族形態へ転換することで引き起こされている。大家族形態は、農家や漁家において、営む農業や漁業に必要な労働力を確保する手段であった。家族が、祖父母を始め両親と、父親の未婚の兄弟姉妹（伯父や叔母など）に、子供（兄弟が沢山いる）たちと三世代から四世代にわたる場合が一般的であった。しかし、農・漁村が、高度経済成長期に都市や臨海工業地帯の諸産業で必要となる労働力の供給源となったことから、農・漁村の働き手の多くがこれらの都市へと流出していった。流出先の都市で、彼らは独身の単独世帯として、また結婚して家族を設け、両親と子供の2世帯の小家族・核家族を形成していったのである。そうしたことから、流入してきた都市では単身者や核家族の小家族が多く住み着き、家族の主流が大家族から核家族へと移行していくこととなった。核家族形態が多い都市での消費生活、特に食生活のあり方もこうした変化に対応して変化したのである。

3.3.2　バブルの時代と日本漁業 ―漁業生産現場が大きく変容―

　大家族の時代の食事風景は、大人数の家族が食卓を一同で囲むのが主流であり、大家族では食材を大量に調達・調理する必要があった。その為に、農家・漁家などでは食材を自分たちで確保する自給が基本となっていた。自給できない部分について八百屋や魚屋から購入していたのである。一方、都市で生活する核家族を中心とした勤労世帯では、自給する農地や漁場を持たず、食料は基本的に街の八百屋や魚屋から購入していた。そうした時代には、主に主婦が食事等の家事労働を担っていた。そのうちに、授かった子供が学齢期になると、子育てから解放され主婦層は生活時間に余裕が生まれる。こうして生まれた余裕時間を、家計の足しにと家計補助的収入の確保に当てることを考える。また、この時期には、主婦にとって負担であった家事労働をサポートする家庭電化製品である電気洗濯機や電気掃除機、電気炊飯器などの白物家電が続々と登場した。家電製品の登場は、家事労働の負担軽減となり主婦を家事労働から一層解放することとなった。こうした経緯を経る中で、主婦層が仕事に出て行く機会を創りだしていったのである。

　都市に核家族家庭が増えると、食材の購入量や購入方法にも変化が出てくる。核家族化すると、家族員数も減少し、食材の購入量も減少する。大家族の時代には大量の食材を購入する必要から、街の八百屋や魚屋に行く頻度も高かった。しかし、核家族で主婦が働きに出だすと、主婦の日課となっていた毎日の購入は不可能となり、仕事が休みの土・日に家族が揃っての纏め買いが行われる。その纏め買いも、八百屋や魚屋ではなく新しい小売販売として登場したスーパーマーケットでの購入となる。スーパーマーケットでの購入行動は、今までの消費者の購入行動自体を大きく変化させたのである。1週間単位での纏め買いとなると、消費者は食材の賞味期限が長いものを選択する。また、働きに出ている主婦にでも家庭での調理が簡単にでき、しかも食事後の後始末が簡単で残渣が少ないもの、といった簡便で、下処理された食材が選ばれることになる。消費者のニーズに応え、食材は下処理、定量に小分けされて、発泡スチロールのトレイにラッピングされたパッケージ商品として、冷蔵棚や冷凍庫に展示された販売が主流となる。商品選択後の販売のあり方も、従来の魚屋のように店員に魚の処理などを依頼できる対面販売ではなく、購入商品を店が用意したカゴに入れてレジに並んでの集中決算方式で行われる。

　スーパーマーケットで水産物がパッケージ商品として取り扱われるようになると、それまでの魚屋を介した鮮魚流通から、スーパーマーケット等の量販店が扱う冷蔵・冷凍品の流通が一般的な流通形態となる。冷蔵・冷凍商品の普及により、水産物流通のコールドチェーン化が全国的に進展していく。コールドチェーン化は流通・販

売段階だけに留まらず、漁船での生産過程から加工段階までその対応が求められるまでとなっていった。と同時に、日本の家庭での家電製品として電気冷蔵庫が急速に普及する。特に、冷凍（フリージング）機能を持った2ドア式の冷蔵庫が普及することとなる。

　以上の水産物市場の変化は、当然に、漁業の生産構造や流通構造にも影響を与え、そこで働く漁業者に今までにない加重と課題を突き付けるものとなったのである。

　この時期、海上労働科学研究所に対する労働科学的な調査・研究への期待とニーズも、労働過程に関わるものだけでなく、労働力の再生産構造（家族生活環境問題）や新技術が漁船乗組員与える影響、船内食料など健康問題など、多岐に亘っている。日本の漁業環境と構造が大きく転換した200海里突入時の環境下で、大橋信夫の協力を受けながらも服部昭は孤軍奮闘していた時期でもある。

　石油ショックを契機に日本経済は高度成長期から減速経済に推移するが、漁業就業者数は漁業センサスによると1973年510,727人（男420,509人、女90,218人）、1978年478,148人（男398,052人、女80,096人）、1983（昭和58）年は446,536人（男368,320人、女78,216人）、1988（昭和63）年は392,392人（男324,337人、女68,055人）と20年間で2割以上の11万8,335人が減少し、一段と漁業就業者の数は少なくなった。高度経済成長期に漁業就業者は60万人から39万人前後までと大幅に減少する。

3.4　200海里時代の縮小・再編期（1990年ー2000年代へ）
―遠洋漁業から沿岸・沖合漁業への転換期・資源管理型漁業の構築へ―
：三輪千年、大橋信夫、中村史也

　1970年代は、2度に亘る石油ショックと200海里時代への突入という日本漁業にとって、今までにない転換を否応なしに迫られた時代であった。60年代の高度経済成長時代にあっては、「沿岸から沖合・遠洋へと」漁場を外延的に拡張することで、日本漁業は拡大し成長させてきた。また、日本漁業が成長できたのは、特に国内の水産物市場が経済成長を反映して拡大した結果でもあった。その成長の足場（漁場）を失うことによって、遠洋・沖合を中心とした漁業構造から、200海里内の沿岸域に生産の足場を移さざるを得なくなったのである。そこで、政策的に打ち出されたのが200海里内漁業の見直しであり、先にも述べた沿岸・沖合漁業における「資源管理型漁業」への転換とマグロやウナギなどの高級魚を対象とした「養殖業」の推進と転換である。

3.4.1　縮小再編下での漁業生産 ―漁業現場に外国人労働力が登場―

　とは言え、公海および海外の漁場から単純に撤退したわけではなく、マグロ漁業やサケ・マス漁業に遠洋トロール漁業、イカ釣漁業などは、沿岸国に高い入漁料と経済協力などの援助を行うなどの努力を重ねながら、海外の漁場を確保し操業の維持が図られていたのである。しかし、90年代に入るとこれまでの70年代や80年代と異なり、海外で操業する遠洋漁船の日本人乗組員のなり手が少なくなり、加えて200海里の厳しい漁業経営環境下にあっては、労働環境も厳しさを増し、乗組員の確保はしづらくなっていた。日本人漁船船員の賃金も国際相場的には相対的に高く、経営的にも国際競争力が低下し、高コスト経営が強いられるものであった。以上を背景として、1980年代後半以降になると海外漁場で操業する遠洋漁船において、乗組員の確保と低賃金船員を求めて海外基地で外国人を乗船させる漁船が多く出現した。こうした海外基地での外国人漁船員の乗船は非合法（船員法違反）であったが、黙認され、横行していた。実態として進行した漁船での混乗化を、「　」付きでも何とか公認するものとして取り組まれたのが1990年から始まる「海外漁船船員労使協議会」である。「海外漁船船員労使協議会」（略称「海船協方式」）は、国と船主団体（大日本水産会）に漁船労働者組織（全日本海員組合・漁船同盟）の三者で組織し、海外で操業する遠洋漁船に限って外国人漁船員を乗船することを認める措置として講じられた。この「海船協方式」を切っ掛けとして、漁船での外国人漁船員の受入が正式に行えるようになったのである。海船協方式では乗船定員の一定割合で外国人（船員）を乗船させていたが、その後、乗船定員の上限を撤廃した「漁船マルシップ」方式が遠洋漁船では一般的となり、マグロ漁船や遠洋トロール漁船では、漁労長や船長、機関長などの幹部船員以外は外国人という漁船まで出現するようになったのである。

　一方、国内の沿岸漁業や沖合漁業でも、漁業者の担い手不足や漁業就業者の高齢化などにより人手不足が深刻化していた。「海船協方式」や「漁船マルシップ方式」で外国人漁船員の雇用が保障された遠洋漁業よりも、実態的には、労働力の人手不足は沿岸漁業の方がより切実なものがあったのである。沿岸漁業では、それだけに、後継者の確保が切実な課題であり、労働力のUターン策やIターンへの取り組みが全国各地で繰り広げられていた。しかし、なかなか人手不足は解消されず、国内で操業している沖合や沿岸の漁船に外国人を乗船させたいという要望が船主サイドから強く出されていた。そこで目を付けたのが、農業や街の中小企業で既に導入されていた「技能実習制度」である。「技能実習制度」は、「海船協方式」に遅れること4年後の1994年から、沿岸の近海マグロ漁業と沖合底曳網にパイロット事業とし

て試験的に導入されることとなった。当時の研修生はフィリピンからの青年が中心であった。その後、試験運用から本格運用になり、対象漁業種類も増え、技能実習生もインドネシアや中国、ベトナムなど、出身国も多様化していった。2000年になると、これらの漁船漁業だけで無く、カキやホタテ、魚類などの養殖漁業にも拡大されていった。

　この期の海上労働科学研究所での漁業・水産部門の調査・研究は、八戸大学に教授として転出した服部昭の後に就任したのが労働科学に全くの門外漢（素人）であった著者（三輪千年）である。三輪は労働科学には初心者であったが、入所した2週間後には無謀にも2つ以上の事業で現地調査や訪船調査を同時並行的にこなすなど、結構ハードな活動を大橋信夫と服部昭に、逐次相談とアドバイスを得ながら始めていた。

3.4.2　漁船の操業現場にロボットが登場し、漁業労働が工場労働化していく

　入所して最初に行った漁業・水産業関係の調査事業（入所と同時に行った調査は乗船調査を伴う内航船調査で、村山義夫に連れられて訪船調査や内航タンカーやカーゴの乗船調査を経験した）は、沿岸の小型漁船による少人数(主に1人操業漁船)操業漁船の海難事故に対する要因究明と、海中転落事故に関わるケーススタディ調査である。漁船における海中転落事故のケーススタディ調査は前任の服部昭と大橋信夫によって取り組まれていたもので、引き継いだものである。これら2つの調査課題は、何れも水産庁からの要請によるものであった。小型漁船の少人数操業船における海難事故の要因調査は、80年代以降に、漁業就業者の減少と高齢化の進行で、小型漁船でも漁船乗組員の確保が困難となり、瀬戸内海など内海で操業する漁船で夫婦操業が出現するなど、2人〜1人での少人数で操業する漁船が多くなった。少人数でも操業できるようになったのは、小型漁船に搭載している漁労器機類の技術革新が進み少人数での操業が可能となったこと、と同時に、漁船の航行にジャイロやレーダー等の情報機器と操舵機器が連携した自動操舵装置が開発され、こうした技術革新が進むと漁業者でも購入できる価格となり普及していった。この当時で、既に5㌧クラス以下の漁船では1人で操業するのが一般的となっていた。

　以上のように操業時の漁船乗組員が少人化することで、操業時に海中転落などで命を失う事例や、自動航行中での他船との衝突や岩礁への乗揚げといった海難事故が多発していた。また、小型イカ釣漁船などでは、漁船の両舷一杯に自動イカ釣機を搭載し1人で操業していてイカ釣機の糸絡まりなどのトラブルが発生し、その修復作業中に海中転落やイカ針や糸先分銅によってケガを負うことも多く、誰にも助け

て貰えないといったことがよく起こる。こうした事故事例から、事故の実態を著者が
報告した。

3.4.3　イカ釣漁船・乗船調査 ─ニュージーランド沖操業体験─

　1980年代中頃にアルゼンチン沖のフォークランド諸島（イギリス領）海域にイカ
釣の好漁場があることを日本の遠洋トロール漁船が発見し、日本各地から大型イカ
釣漁船が多数出漁するようになった。「200海里下で、最後に残された漁場」とい
われ、当時の日本にとっては貴重な漁場でもあった。しかし、フォークランド諸島
は南極近くの大西洋に浮かぶ島嶼で、しかも、当時は島の領有権をめぐってイギリ
スとアルゼンチンが軍事衝突（フォークランド紛争）を繰り返していた。フォークラ
ンド諸島は地球の反対側に位置し、日本から漁船で約1月近くかけて辿り着く気も
遠くなる所にある。そのため、途中、ニュージーランドの首都ウエリントンなどに寄
港し、食料の補給と漁船員の休養を行っていた。ニュージーランドには日本から漁
船で約2週間。ニュージーランドからフォークランドまでも同じく約2週間の計約1
ヵ月を要する。フォークランドへのイカ釣出漁は、漁船員にとって長期航海による船
疲れを起こす環境と、赴いた漁場がイギリスとアルゼンチン両国が紛争する海域で
もあり、漁業操業を行うには環境的にも厳しい側面が多々あった。そうした厳しい
漁場環境であり、漁船員は操業中に病気やケガといったアクシデントが起こっても十
分に対応できない状況に置かれていた。

　そこで、運輸省（現、国土交通省）と水産庁は、遠洋で操業するイカ釣漁船での
操業環境についての調査を海上労研に依頼してきた。可能であれば、フォークラン
ドまでイカ釣操業する漁船に乗船し、長期航海の船内での漁船員の労働と生活を
労働科学的に調査する計画であった。大型イカ釣業界や関係機関（国土交通省に水
産庁など）と事前調整した結果、紛争地で突発的な事案が起こっても対応が難しい
ので、フォークランドではなくニュージーランド沖合で操業する漁船での乗船調査に
切り替えられた。その結果、1987年から国内での予備調査を行い、実際に乗船し
たのは1988年12月から翌年の1月の約1.5ヵ月間、操業する大型イカ釣漁船にニ
ュージーランドで乗り込み、ニュージーランド沖合での操業を著者が乗船調査した
のである[41]。

　乗船した大型船凍イカ釣漁船は、既にロボット化（自動制御機能）した自動イカ
釣機を導入していて、釣り揚げたイカの冷凍加工を船内で行っていた。ロボット化し

---

(41) 三輪千年、現代漁業労働論、成山堂、2000

た自動イカ釣機を使用するイカ釣作業においては、漁船員がイカを釣っているのではなく、実際には自動イカ釣機がイカを釣っているのである。従って、乗組員が船上で行っている作業（労働）は、イカ釣機が正常に稼働いているかを監視する監視労働と、糸絡まりなどのトラブルの修復、そして簡単な装置のメンテナンスと段取り作業などを専らこなしている。この点は、陸上の装置化されたロボット稼働工場での労働者の作業と同質のものといえる。

　また、イカ釣漁船は大型イカ釣船凍漁船で、生産されるイカの冷凍品は、家庭の惣菜食材としてだけでなく、スーパーマーケットや外食・給食産業の量販店、さらに珍味加工業の素材原料としても供給される。素材原料として供給される冷凍品は、大量生産に適合するように品質・量・価格面で規格化されていることが求められる（いわゆる「三定化」）。そのため、大型イカ釣船凍漁船の漁船員の労働過程は、冷凍イカ製品の規格化に沿ったマニュアルに従った作業が行われている現状をこの乗船調査で明らかにした。

　また、この間に、日本漁船で先にみた「海船協方式」や「漁船マルシップ方式」、「技能実習生制度」など外国人が日本漁船に乗船して操業する形態が一般化した。こうして増加した外国人船員についての調査・研究も行われるようになった。主に、これらの調査は、著者の後を引き継いで1992年に入所した中村史也が中心となり担当した。1995年に入所した久宗周二も、漁業についても関心を持っていたことから沖合底曳網の操業過程に関する調査・研究を行った。

　この期の漁業就業者の推移をみると、1993（平成5）年は324,886人（男267,863人、女57,023人）、1998（平成10）年は277,042人（男230,599人、女46,443人）、2003（平成15）年は238,371人（男199,163人、女39,208人）、2008（平成20）年は221,908人（男187,820人、女34,088人）、2013（平成25）年180,985人（男157,117人、女23,868人）、2018（平成30）年151,701人（男134,186人、女17,515人）と、減少の一途を辿る。1993年にはそれまでのバブル経済が弾けると、漁業就業者も30万人台から20万人台へと減少。2000年代になると、20万人台から15万人台へと、昭和30年代の4分の1から5分の1台までに激減していった。

4．これで漁業・水産業分野の労働科学的調査・研究の使命は終わったのか？

　これまで労研から海上労研に引き継がれてきた日本漁業を対象とした調査・

研究の成果物について、日本漁業の略史と対応する形で記述してきた。しかし、2006年3月に財団法人海上労働科学研究所は法人見直しの施策の一環として解散し、「海上労働に関する日本の組織的な労働科学的研究は終焉を迎える」こととなった。(第一部 12.1 参照)海上労研が解散したことで、漁業・水産業分野だけでなく海運分野(どちらかというと此方がメインではあるが)も含めて、労働科学的調査・研究を専門的に行う研究者が組織的に研究できないとなると、労働科学的研究のみならず、関連する諸科学にとっても損失は計り知れないものと思われる。どの分野であっても、科学的な調査・研究が蓄積された分野というのは、関連する諸科学と密接な関わりの中で学際的な繋がりを形成してきた歴史が存在しているものである。この歴史的な事実は否定できない。この歴史的で学際的連携によって産み出された学問的インスピレーションは、関連する学問や産業分野にだけ恩恵を及ぼすだけでなく、何の関係もなくいと思われる学問分野や産業に想像もつかない恩恵を与えることも否定できない。というのは、労働科学的研究自体が、一つの纏まった科学的大系や思考方法を持って発展してきたものではなく、その時代の諸科学の恩恵を利用しながら発展させてきた歴史がある。すなわち、労働科学的研究が対象とするのは「人間の労働」であって、人間の労働は、『人間』という現在の科学を以てしても完全な解明が不可能な分野を対象としており、また、『労働』という、多様な要素で成り立っている人間の行動を分析しようとしているからでもある。工学的、理学的、医学的、運動生理学的、心理学的、経済的行為として、社会の秩序に関わっては法律的、そして人間としての歴史的、芸術的……と数え上げれば切りがないほどの学問領域と関わりを持っているのである。

4.1　新たな課題・視点から求められる「人間の労働科学研究」の可能性

　情報科学やコンピュータが発達して、人工知能 AI 等の画期的な技術が出現して「人間の労働」は将来なくなると予想している学問分野もあるという。本当にそうなるのだろうか?「人間の労働」が無くなるという予測は、『人間』を総合的に把握しての話しではない。『人間』の思考過程および労働過程の一部分、しかも部分的な過程をコンピュータの AI に置き換えたものでしかないのではないか。それをもって、「人間の労働」全てが AI 等のロボットに置き換わるとは言えないのではないかと思う。「人間の労働」は、現在の科学で全てが解明できるほど「やわく、単純な」ものではなく、もっと豊かなものであって、極めて総合的で美的な側面と、精神文化も持ち合わせた芸術的なものでもあると思う。

　加えて、「人間の労働」は、労働を行う人間は労働を通して多くの学び（学習）を身に付け労働過程自体を成長させていき、現状に留まるものでもない。それ故に、人は労働を成し得たときに、成し得た"満足"と同時に、労働で流した汗と共に"喜び"をも甘受できるのである。

　今日の日本漁業は、魚介類を獲ったり（漁船漁業）、育てたり（養殖業）する段階だけでなく、消費者に水産物を届ける流通・販売の過程においても、最近のコンピュータや情報技術の発達に伴い、ロボットをはじめ AI 技術を取り入れた『スマート漁業』への展開が積極的に進められている段階にある。こうした現状を踏まえると、水産分野における労働科学的な研究も、現状に留まることなく、新たな視点による今日的な構築が、今一度求められているように思われる。

引用文献

(1) 本林富士郎、海上勞働、日本の勞働科學、石川知福他編、南山堂、1950

(2) 西部徹一、海上労働状況視察報告、労働と科学 、1巻、4号、1946

(3) 藤森岳夫、大型汽船に於ける船内環境衛生調査報告、海上労働調査報告、第1集、1949

(4) 西部徹一、船員の生活時間、並びに作業時間に関する調査報告、海上労働調査報告第1集、1949

(5) 西部徹一、汽船における機関員の作業について、海上労働調査報告第1集、1949

(6) 荒稲蔵・西部徹一、機関員の作業改善に関する研究、海上労働調査報告第3集、1950

(7) 西部徹一、船員法の改正に望む、労働と科学、2巻、2号、1947

(8) 篠原隆政、バーレン航路におけるタンカーの居住環境について、海上労働調査報告第5集、1952

(9) 黒江敏治、バーレン航路におけるタンカー乗員の疲労と栄養について、海上労働調報告第5集、1952

(10) 西部徹一、海上労働科学のあゆみ、海上労働科学研究会、1980

(11) 西部徹一、船員の疾病と災害、海上労働調査報告第6集、1955

(12) 西部徹一、日本の船員－労働と生活－ 労働科学叢書16、労働科学研究所、1961

(13) 小石泰道他、船内における職能、業務の体系的分類と用語の統一、労研、1962

(14) 船内労働実態調査、ありぞな丸、船内労働の技術的構造、労研、1963

(15) 船内労働実態調査、春日山丸、労研、1963

(16) 船内労働実態調査、静岡丸、労研、1964

(17) 大橋信夫、私と労働科学、"鈍""根""運"、労働の科学 63巻、8,9号、2008

(18) 新時代の海上労働研究へ、「海上労働科学研究所」設立の構想すすむ、海上の友、492号、海事広報協会、1964

(19) 斉藤一、海上労働科学研究所仮称設立要望書、1964

(20) 海上労研だより、4号、1967

(21) 大橋信夫他、超自動化船に乗組む船員の労働と生活に関する研究－欧州諸国における将来の船員制度の調査・研究の実態－、海上労研、1974

(22) 渡邊俊道他、新らしい船員職業の基本設計に関するメモ、海上労研、1975

(23) 渡邊俊道他、新らしい船員職業の基本設計に関する概要、海上労研、1975

(24) 渡邊俊道（寂）・大橋信夫・青木修次、超自動化船に乗り組む船員の労働と生活に関する研究　－新らしい船員職業の基本設計－、海上労研、1977

(25) 船員制度近代化－経緯と今後の方向－、船員制度近代化委員会、1997

(26) 大橋信夫、服部昭、混乗船に乗り組む東南アジア船員の生活行動と労働に関する調査研究－フィリピン船員との混乗について－、第一部フィリピンとフィリピン船員について、海上労研、1980

(27) 大橋信夫、服部昭、混乗船に乗り組む東南アジア船員の生活行動と労働に関する調査研究－フィリピン船員との混乗について－、第二部混乗船Ａ号について、海上労研、1980

(28) 大橋信夫他、欧州における外国人労働者問題に関する研究－欧州の船員需要国における外国人船員について－、海上労研、1987

(29) 大橋信夫他、船員供給新興国に関する調査研究－モロッコを中心に－、海上労研　1988

(30) 三輪千年他、海外出漁大型いかつり漁船における労働環境の調査、海上労研、1988

(31) 船内労働実態調査、みししっぴ丸、労研、1965

(32) 海上労働科学研究所、URL:homepage2.nifty.com/MLRI/index.htm

(33) わが国外航商船の第二船籍制度創設に関する意見、日本船主協会／愛媛県今治市、2004

(34) 長谷部言人、人類の時流化、季刊民族學究、Vol.21、No.1-2、pp.5-9、1957

(35) 西部徹一、船の労働衛生、成山堂、1975

(36) 西部徹一、日本の船員－新しい船員像をさぐる－、海事広報協会、1976

(37) 西部徹一、船員の戦後史事典、労働科学叢書83、労研、1988

(38) 近藤康男他、共同研究　貧しさからの解放、中央公論社、1953

(39) 勝山俊介、「死んだ海」・村山知義の仕事、あゆみ出版、1997

(40) 岩崎繁野、漁業調査と暉峻先生、暉峻義等博士と労働科学、暉峻義等博士追憶出版刊行会、1967

(41) 三輪千年、現代漁業労働論、成山堂、2000

労働の科学 67巻5号 2012年 より転載

海上労働科学研究│年表
1946－2006
（上）

　この年表には，財団法人労働科学研究所と財団法人海上労働科学研究所において行われた調査・研究に関するもので，報告書などアウトプットが確認できたものに限って記載した。したがって，学術雑誌や学会発表でしか確認できないものおよび他の機関や個人で行われたものは含まれていない。なお上記の2研究所の調査・研究ではないが，海上労働あるいはその研究に大きな影響を与えた事項は2字下げて記した。（敬称略）

　作成にあたって使用した資料は，『日本の船員』『海上労働科学のあゆみ』『船員の戦後史事典』（以上，西部徹一著），『海上労働科学研究所年報』（海上労働科学研究所発行），各調査研究の「報告書」，その他筆者の個人的な記録などである。

年	事　項
1916（大正5）年	工場法施行
1918（大正7）年	暉峻義等が警視庁嘱託として東京本所横川町，深川豊住町の細民街調査
1919（大正8）年	2月9日　倉敷紡績社長大原孫三郎により大原社会問題研究所を創立（所長：高野岩三郎，森戸辰男，大内兵衛）
1920（大正9）年	2月　暉峻義等，大原孫三郎社長と倉紡万寿工場を深夜訪問，工場内に研究所設立の提案を受ける
	7～8月　倉紡万寿工場の女子寄宿舎に暉峻義等，石川知福，桐原葆見の3名が合宿して昼夜二交替作業の実態について予備調査（この実験研究班を労働科学調査室と呼んだ）
1921（大正10）年	日本海員組合創立
	7月1日　倉敷労働科学研究所創立（所長・暉峻義等）
1922（大正11）年	石川知福，桐原葆見，八木高次が昼夜交替作業についての再検討
1924（大正13）年	6月　『労働科学研究』第1巻第1号創刊へ。暉峻義等が巻頭論文でテーラーの科学的管理法を批判
	6月　研究室内に温湿度調節室を設け，暉峻義等，石川知福，八木高次，桐原葆見らの協同実験はじまる
1925（大正14）年	治安維持法公布
1927（昭和2）年	6～7月　暉峻義等ほか，三重県志摩で海女の労働調査（世界で最初の潜水の生理学的研究となる）
	・暉峻義等『社会衛生学』（吐鳳堂）
1928（昭和3）年	7月　暉峻義等ほか7名，第2回海女の研究のため出張
	日本海員組合　ストライキを実施（日本で最初の産業別最低賃金を確立）
1929（昭和4）年	5月　「労研饅頭」出来，試食会を催す
	9月　満州事変，日中十五年戦争はじまる
1934（昭和9）年	6月　高松宮，労研視察
1935（昭和10）年	7月　国民栄養調査開始，全所員が関係する，1936年8月下旬までに現地調査は全部終了
1936（昭和11）年	7月　倉敷労研創立15周年記念
	11月　倉敷労研解散式，大原孫三郎若干の維持費をつけて日本学術振興会に寄託。東京へ移転
1937（昭和12）年	1月　日本労働科学研究所設立（暉峻義等所長）東京の青山師範あとに仮の研究所ができる
1939（昭和14）年	12月　藤山愛一郎（元外務大臣）の尽力により東京市世田谷区祖師谷2丁目に日本労働科学研究所を移転
1940（昭和15）年	船員保険法施行（初めて民間労働者への年金を制度化）
	労研の研究部門は以下の8部門となる（労働生理学，産業心理学，産業衛生学，職業性疾患，生体測定，集団栄養，社会科学，農業労働）
1941（昭和16）年	12月　太平洋戦争始まる

1945(昭和20)年	8月　太平洋戦争終戦
	9月　大日本産業報国会解散にともない労研も解散
	10月　全日本海員組合結成　（日本で初の産業別労働組合の誕生）
	11月　財団法人労働科学研究所として再建
1946(昭和21)年	1月　船員局の要請により海上労働に関する研究を開始
	アメリカから215隻，104万総トンの貸与船に日本人船員が乗船して，海外からの帰還輸送が軌道にのる
	2月　船員中央労働委員会（末弘厳太郎会長）設立
	5月　西部徹一（後の海上労働科学研究所初代所長），労働科学研究所に入所
	6月　初の乗船調査を実施（東京ー大阪，米国貸与船クレボーン号）
	8月　勝木新次，臨時船員法令審議会委員となる
	10月　GHQが日本商船管理局を設置（100噸以上のすべての船舶と船員をGHQの管理下においた）
1947(昭和22)年	**1月　労研に海上労働研究グループ誕生（主任は本林冨士郎）**
	2月　西部徹一『船員法改正に望む』発表（労働の科学2巻2号）
	6月　船内食料表改訂のための調査開始，作業分析を陽興丸にて実施
	日本船主協会設立
	8月　勝木新次，船員職業安定委員会委員となる
	9月　船員法改正
	9月　勝木新次，船員中央労働委員会委員となる
	12月　社会科学研究室（藤本武主任）と海上労働研究グループ（本林冨士郎主任）が協力して，船員生計費調査が始まる。
1948(昭和23)年	2月　船員賃金格付中間報告発表
	2月　海難審判法施行
	3月　帰還輸送がほぼ終了し，船員動員令（昭和20年1月公布がようやく廃止）
	7月　船舶運営委員会に設置された作業改善委員会に，労研として全面的に協力開始
	8月　ペルシャ湾の原油輸送が戦後初めてGHQから許可された
1949(昭和24)年	1月　海上労働調査報告第1集刊行
	2月　船員職務評価に関する中間報告発表
	3月　船員給与審議会に，船員生計費調査結果を報告
	5月　初の外航船乗船調査実施（アンガウル航路，明海丸）
	7月　船員の最低賃金に関する基礎的研究開始
	8月　本林冨士郎『小型船舶医療便覧』（運輸省）
	11月　機関員作業を対象に，高温環境における作業改善研究開始（内航船，雲仙丸）
1950(昭和25)年	3月　機関員の作業分析開始
	4月　船員の適性検査開始
	6月　朝鮮戦争勃発
	7月　船内居住環境調査に本格的に取組み開始
	8月　海運の民営化実現，外航海運の再開
	9月　船内貯蔵米の分析開始
	10月　司厨長の栄養衛生講習会開始
	11月　疲労と休養に関して乗船調査実施（高尾山丸）
	12月　機関員の作業改善に関する研究結果を，船員中央労働委員会に報告
	・暉峻義等が近海漁業船において乗船調査実施
1951(昭和26)年	1月　巡視船における労働実態調査（かもめ，みやけ）
	2月　船内居住環境に関する調査結果を，船員設備審議会に報告
	3月　高浜海員養成所で適性検査実施
	5月　見張り作業に関する研究（舞子丸）
	7月　高温作業につき労研人工気候室で実験開始
	9月　酷暑航路の労働実態に関する乗船調査を実施（ペルシャ湾航路，さんぺどろ丸）
	12月　勝木新次，船員設備審議会委員となる
	・野菜貯蔵実験開始
	・巡視船における騒音実態調査実施
	・船員の傷病統計調査開始

144

	・海上労働研究室ができる
1952(昭和27)年	2月　寒冷航路における労働実態と防寒衣などに関して乗船調査実施（巡視船，あぶくま）
	5月　全国海員学校生徒の体力検査および精神的資質に関する研究開始
	7月　『船の栄養読本』刊行
	8月　調理設備調査実施（あんです丸）
	10月　船員食料表改正案提出
	12月　調理作業および調理設備関係調査実施（永徳丸，ぱなま丸）
	・船内冷房調査実施（せりあ丸）
	・船員傷病調査開始
1953(昭和28)年	2月　新船員採用のための体力測定法および採用基準を運輸省に提出
	3月　勝木新次，船員食料表改正審議に加わる
	9月　船橋・海図室の構造に関する調査実施（安土山丸，ぱなま丸）
	11月　船内作業のRMR測定と摂取熱量の調査
	12月　勝木新次，船員法改正委員会委員となる
	・勝木新次，乗組定員改正調停委員になる
	・西部徹一，航海訓練所居住性能委員会委員となる
	・色彩調節に関する研究開始
	・船内安全標識に関する研究開始
1954(昭和29)年	2月　船員栄養調査（採尿検査）実施
	3月　第五福竜丸，ビキニ環礁における水爆実験により放射能汚染
	4月　船員疾病災害統計図表第1報告
	8月　船員居住室の換気装置に関する研究開始
	10月　船員の放射能防御に関する研究開始
	11月　船員の基礎代謝量測定実施
	12月　労働科学研究所の海事関係の理事・評議員による海事関係役員会議を設置
	・アイソトープ実験室できる
1955(昭和30)年	1月　司厨長の栄養衛生講習会，第16回をもって終了
	2月　船員の放射能汚染防止に関する第1回報告
	3月　西部徹一，中央船員職業安定審議会委員となる
	4月　海上労働科学研究会発足（第1回研究会開催）
	7月　船内食品鮮度調査開始
	横浜に船舶調理講習所が開講される（日本船員福祉協会が運営）
	8月　船内騒音調査実施（銀河丸）
	10月　労働負担に関する乗船調査実施（千早丸，神洋丸）
1956(昭和31)年	3月　第1回海上労働科学研究会開催（海上労働科学の問題点について）
	8月　船内気候と栄養状態に関する乗船調査実施（ペルシャ湾航路，かりふぉるにや丸）
	10月　第3次中東戦争でスエズ運河閉鎖
	11月　カード式「船の栄養献立」発表
	12月　西部徹一，船用米対策委員会委員，船員設備協議会委員，船内労働安全衛生協議会委員となる
	・遠洋漁船の食料に関する調査実施（三崎港）
	・南極観測船，宗谷の食料輸送に関する相談を受ける
1957(昭和32)年	1月　船用米の船内貯蔵状態調査実施
	・桐原葆見所長を退く
	2月　船員の聴力測定実施（海技専門学院）
	5月　船用米タンク貯蔵試験実施
	6月　まぐろ漁船調査（東海海運局管内）
	8月　船内人間関係に関する研究着手
	9月　米の貯蔵実験
1958(昭和33)年	8月　船内冷房設備に関する調査実施
	9月　西部徹一，日本海難防止協会調査研究専門委員となる
	12月　船員のモラールとリーダーシップに関する研究
1959(昭和34)年	1月　航海士の夜間視に関する研究
	6月　航海士の色覚に関する研究

	8月　船室の冷房至的温度に関する実験的研究（労研人工気候室にて）	

・小型鋼船の船員設備に関する実態調査実施
・船橋配備条件に関する研究
・船員の安全衛生基準に関する研究

1960（昭和35）年
1月　小型鋼船の居住環境に関する冬季調査実施
2月　船員労働安全衛生規則制定に関する会議に参加
6月　航海士の視力調査実施
7月　清水タンク塗料に関する生物学的実験実施
11月　西部徹一，船員中央労働委員会船内衛生専門委員会委員となる
12月　船員家族に関する研究着手
・船員災害疾病調査が運輸省の指定統計となる
・セメントタンカーにおける皮膚障害に関して報告
・保護具の使用実態に関する調査着手
・ベンソール中毒対策のための調査実施

1961（昭和36）年
2月　自動化船第1船金華山丸の建造に際し，機関制御室設計に関して相談を受ける
3月　司厨作業に関する実態調査実施（大雪山丸）
5月　荷役設備環境調査実施（ぐろりあ丸）
6月　外航貨物船における船内労働に関する乗船調査実施（ニューヨーク航路，箱根山丸）
10月　船内照度の実態調査（札幌丸）
11月　西部徹一『日本の船員』刊行（労働科学叢書16）

WAY（賃金を航海を好る）

西部徹一『日本の船員』の最後の頁を飾った写真

1962（昭和37）年
1月　シンナーによる酸欠事故調査実施（T丸）
5月　暉峻義等ら，築地魚市場で漁船の水揚げ労働の調査実施
6月　石炭メタンガス事故調査実施（B丸）
7月　船内作業の再編成を目指して，日本郵船，大阪商船，三井船舶から航海士，機関士が派遣されて三社労務研究会が発足
　8月　船舶に乗組む医師と衛生管理者に関する省令公布
10月　自動船第1船金華山丸における監視作業の予備実態調査実施（内地沿岸航海中）
12月　在来型外航貨物船の船内労働実態に関する乗船調査実施（ニューヨーク航路，ありぞな丸）
・船員志望動機調査実施
・小石泰道，『船内における職能，業務の体系的分類と用語の統一』発表

『日本の船員』の奥付

1963（昭和38）年
2月　自動化外航貨物船の船内労働実態に関する乗船調査実施（ニューヨーク航路，自動化第2船春日山丸）
5月　西部徹一，海技審議会専門委員となる
8月　在来型外航貨物船の船内労働実態に関する乗船調査実施（欧州航路，静岡丸）
・操船技術構造に関する研究着手

1964（昭和39）年
4月　海運会社が大合併し6グループに集約された結果，三社労務研究会は解散
6月　水先案内人の機能検査
　7月　船員労働安全衛生規則制定
8月　まぐろ漁船の船内環境調査実施（三崎港）
9月　高度経済試設計船における船内労働実態に関する乗船調査実施（内地沿岸航海中，みししっぴ丸）
11月　遠洋まぐろ漁船における船内労働の実態に関する乗船実施（チモール沖，栄吉丸）
　　在来型外航貨物船の船内労働実態に関する乗船調査実施（内地沿岸航海中，ふろりだ丸）
・操船者の精神的緊張に関する研究着手
・安全衛生チェックリスト作成・使用

146

海上労働研究部ができた時期のスタッフ
前列中央が西部徹一，向かって右は小石泰道，
左は筆者，後列は右から杉原弥生，服部昭，
一人おいて神田道子，岩崎繁野

1965(昭和40)年	・遠洋まぐろ漁船の食料と栄養に関する調査報告発表 ・船内体育に関する研究着手 2月　高度経済試設計船における船内労働実態に関する乗船実施（東部カナダ航路，みししっぴ丸） **4月　労研の組織改正に伴い，在来の海上労働研究室に漁業労働研究室を加えて海上労働研究部となり，西部徹一が部長となる** 5月　北洋捕鯨船における人間関係に関する乗船調査実施 10月　船員の運動機能に関する研究 ・西部徹一，曳船俊丸訴訟で，騒音，振動の鑑定人となる
1966(昭和41)年	4月　海上労働科学文献抄録集（研究開始20周年記念）刊行 7月　護衛艦の機関室環境に関する乗船調査実施（護衛艦，うらなみ） **9月　労研の海上労働研究部を母体として，海上労働科学研究所が設立された（所長西部徹一），研究部は，人間工学研究室，労働技術研究室，安全衛生研究室，社会科学研究室の４研究室構成，事務所は目白の船舶技術研究所跡地にある廃屋の再利用** 勝木新次，海上労研の研究専門員会委員長になる（1970まで），狩野広之，研究専門委員になる 10月　新鋭浚渫船の労働実態に関する乗船調査実施（関門海峡，海鵬丸） 11月　中小型船舶の自動化設備と労働の実態に関する乗船調査実施（東京湾フェリー，久里浜丸，金谷丸） 　　　12月　暉峻義等逝去 ・操船者の反応速度と運動規制機構に関する研究 ・操船者の知的機能に関する研究 ・船内サーキット体操開発 ・遠洋まぐろ漁船船員の人間関係に関する研究
1967(昭和42)年	1月　港湾労働に関する冬季実態調査実施（横浜港） 8月　ペルシャ湾航路タンカー船員の生理的機能の変化に関する乗船調査実施 9月　沿岸漁村の生活実態調査実施（新潟県岩船町） 10月　漁船の海難事故原因の究明に関する調査（北海道釧路市） 11月　艦艇乗組員の栄養調査（神奈川県横須賀市） 　　　航海訓練所練習船の労務に関する乗船調査実施（長崎―名古屋間） 　　　巨大タンカーの自動化機器と労務の実態に関する乗船調査実施（ペルシャ湾航路，出光丸） 　　　三労研研究懇談会開催（労働科学研究所，鉄道労働科学研究所，海上労働科学研究所） 　　　事務所が目白の船舶技術研究所跡地から平川町砂防会館に移転 12月　中小型船舶の自動化設備と労働の実態に関する調査（長崎県端島航路，広島県瀬戸内海汽船） 　　　海女の作業および用具に関する面接調査（壱岐，対馬，福岡） ・海難の心理的要因に関する研究 ・超大型船の船橋位置に関する研究 ・船員の一般知能検査法とパーソナリティーに関する研究 ・船員の情報処理能力に関する研究 ・船内サーキット体操指導書作成 　　　・夜間機関室無人運転船が出現
1968(昭和43)年	1月　海女の栄養実態調査（千葉県千倉町） 3月　沿岸漁村の生活実態調査実施（千葉県千倉町） 　　　内航旅客船の労働に関する実態調査実施（せい丸など） 　　　5月　桐原葆見逝去 6月　港湾労働に関する夏季実態調査実施（神戸港，横浜港） 7月　操船情報処理に関する実態および精神的緊張分析に関して乗船調査実施（宇高連

絡船）

　8月　操船情報処理に関する実態および精神的緊張分析に関して乗船調査実施（青函連絡船）

　　8月　日本初のフルコンテナー船，北米加州航路に就航（箱根丸，16,306重量トン）

10月　遠洋まぐろ漁船船員の家族の生活意識に関する調査実施（三崎，焼津，唐桑）

　　　中小型船舶の自動化設備と労働の実態に関する調査実施（鹿児島—奄美航路，あまみ丸）

11月　新技術が漁業労働におよぼす影響に関する乗船調査実施（以西底引き網漁船，在来型：第61玄海丸，新設備：第56明石丸）

　　　沿岸漁村の生活実態調査実施（壱岐，対馬）

　　　硫酸タンカーの安全衛生に関する乗船調査実施（秋田県船川—愛媛県新居浜）

12月　船内コミュニケーションの実態に関する乗船調査実施（豪州航路，れししふぇー丸）

　　　沖縄糸満漁夫の潜水作業の実態調査実施

・船員の身体的機能に関する研究

・船員のコミュニケーションに関する研究

・船内体操その2，かたふり体操ソノシート作成

1969（昭和44）年　1月　船内コミュニケーションの実態に関する乗船調査実施（内地沿岸航海中，新鋭貨物船瀬戸丸）

　　　大型鉱石運搬船「ぼりばあ丸」，太平洋で船体折損沈没

　2月　巡視船乗組員の健康管理に関する調査実施（函館）

　　　ケミカルタンカー乗組員の健康調査（川崎，久里浜）

　4月　硫酸タンカー乗組員の健康調査（秋田県船川港，51共和丸）

　　8月　日本初のNKの資格を持つMゼロ船（夜間機関室無人運転導入）の鉱油兼用船就航（イギリス—ブラジル航路，ジャパン・マグノリア号，94,465重量トン）

10月　新技術が漁業労働におよぼす影響に関する乗船調査実施（巻き網船，63惣宝丸）

11月　コンテナー船の労働実態に関する乗船調査実施（北米西海岸航路コンテナー船，ごーるでんげいとぶりっじ号）

　　　沿岸漁村の生活実態調査実施（壱岐，宇品市）

12月　コンテナー船の労働実態に関する乗船調査実施（北米西海岸航路コンテナー船，加州丸）

・海運会社採用時の適性検査実施（数社）

・まき網漁船員の需給と老齢化に関する調査実施（千葉県大原町）

・冷凍作業が生体におよぼす影響に関する調査実施

1970（昭和45）年　2月　大型鉱石運搬船「かりふぉるにあ丸」，太平洋で船体折損沈没（大型船安全基準の見直しの契機に）

　3月　船橋における操船情報処理に関する実態および精神的緊張分析に関して乗船調査実施（瀬戸内海汽船，せとじ，ひろしま，第16東予丸）

　9月　巡視船乗組員の健康調査（横浜港）

10月　コンテナー船の労働実態に関する乗船調査実施（豪州航路コンテナー船，おーすとらりあ丸）

・海上交通管制における人的要素に関する研究

・新技術が漁業労働におよぼす影響に関する乗船調査実施（ガラパゴス沖，まぐろ延なわ漁船，黒潮丸）

・低温環境労働の人体におよぼす影響に関する乗船調査実施（遠洋まぐろ延なわ漁船）

（以下6月号）

後記

　各種の記録を照合させてできるだけ正確であるように努めた。それでも短期間での作成だったので，記載漏れや誤記もあろうかと思う。お気づきの方からの指摘を受けて訂正していきたい。本表を作成してみて，報告書だけではなく，学術雑誌に掲載された論文や国際学会，国内学会における発表などを含めた文献リストを作成する必要を改めて感じた。またこれらの調査や研究が行われた背景や研究組織が変化した原因などを含めた，いわば海上労働科学研究外史を記しておく必要性も感じられた。　　　作成：大橋信夫

おおはし・のぶお

元日本福祉大学・教授，元海上労働科学研究所・主任研究員，労働科学研究所・客員研究員

労働の科学　67巻6号　2012年　より転載

海上労働科学研究│年表
1946－2006
（下）

　　この年表には，財団法人労働科学研究所と財団法人海上労働科学研究所において行われた調査・研究に関するもので，報告書などアウトプットが確認できたものに限って記載した。したがって，学術雑誌や学会発表でしか確認できないものおよび他の機関や個人で行われたものは含まれていない。なお上記の2研究所の調査・研究ではないが，海上労働あるいはその研究に大きな影響を与えた事項は2字下げて記した。（敬称略）
　　作成にあたって使用した資料は，『日本の船員』『海上労働科学のあゆみ』『船員の戦後史事典』（以上，西部徹一著），『海上労働科学研究所年報』（海上労働科学研究所発行），各調査研究の「報告書」，その他筆者の個人的な記録などである。

年	事　項
1971（昭和46）年	1月　操船情報処理に関する実態および精神的緊張分析に関して乗船調査実施（内地沿岸航海中，コンテナー船，おーすとらりあ丸） 5月　航空管制官の疲労調査実施（羽田管制塔） 　　7月　海運史上最長（91日）の全日本海員組合のストライキ解決（この長期ストは混乗導入の契機に） 11月　操船情報処理に関する実態および精神的緊張分析に関して乗船調査実施（青函連絡船） ・航行安全システムに関する研究 ・本林冨士郎，研究専門委員会委員長に就任（1967）まで
1972（昭和47）年	3月　財政難から研究所の縮小計画により，3人の研究員が退職を余儀なくされる 　西部徹一専務理事・所長，下田行夫専務理事退任，渡辺俊道（元運輸省航海訓練所所長，元船員中央労働委員会委員）が専務理事・所長に就任 10月　野菜・果実の廃棄率の実態に関する乗船調査実施（豪州航路コンテナー船，箱崎丸） ・機関室騒音と聴力障害に関する実態調査実施（まぐろ漁船，大型貨物船） ・有機溶剤の荷役が健康に与える影響の実態調査実施（ベンゼン，キシレン，苛性ソーダ） ・船員福祉に関する調査研究着手（船員の居住地，施設利用状況，生活行動などの実態調査） ・内航船員の定着に関する研究 ・乗組員体力測定結果の分析
1973（昭和48）年	7月　欧州の海運先進国における将来の船員制度の研究に関する現地調査実施（ノルウェー，スウェーデン，デンマーク，西ドイツ，イギリス，オランダ） 10月　最新の技術革新を導入したコンテナー船における労働実態に関する乗船調査実施（ニューヨーク航路コンテナー船，黒部丸） ・有機溶剤の荷役が健康に与える影響の実態調査実施（ベンゼン，キシレン，硫黄） ・船員福祉に関する調査研究（船員の住宅，趣味，生活行動などの実態調査） ・騒音・振動の実態に関する乗船調査実施（コンテナー船HT丸） ・外航船における船内食料消費動向調査 ・寒冷漁場における労働科学的研究，遠洋底引き網漁船の労働実態に関する乗船調査実施（ベーリング海，北転船）
1974（昭和49）年	8月　原子力船むつ，臨海実験に成功，その後放射線漏洩により50日間漂流（船長は，海上労働研究グループの初期のメンバーだった荒稲造，後の海上労働科学研究所の所長） ・新しい船員職業の設計に関する研究着手 ・漁船における船内食料消費動向調査 ・有害物の荷役が健康に与える影響の実態調査実施（硫酸） ・船員福祉に関する調査研究（船員の余暇活動などの実態調査） ・船員の体内に蓄積される鉛に関する調査実施（自動車専用船，沿岸フェリー，渡島フ

冬のオホーツク海の底引き網漁船での調査，後ろに見えるのはソ連領（1975年当時）のモネロン島

1975(昭和50)年	（ェリー）

・騒音・振動の実態に関する乗船調査実施（タンカー，M丸）

1975(昭和50)年

1月　寒冷漁場における労働科学的研究，沖合底引き網漁船の労働実態に関する乗船調査実施（オホーツク海）

1月　寒冷漁場における労働科学的研究，母船式底引き網漁業の独航船の労働実態に関する乗船調査実施（北洋，東丸，南丸，西丸，北丸）

3月　リベリア籍船タンカー「アストロ・ペガサス号」で外国人船員との混乗が認められた

・大型カーフェリーにおける搭載車両の排気ガスおよび粉塵などに関する実態調査
・船員の生活様式と生活意識に関する質問紙調査実施
・新しい船員職業の基本的枠組み提案，官労使に説明，後の船員制度近代化プロジェクト発足の契機となる
・騒音・振動の実態に関する乗船調査実施（コンテナー船）
・騒音・振動の許容基準に関する実験的研究（予備実験）
・船員の体内に蓄積される有害物に関する調査実施（水銀，鉄）
・技術革新に対応した船内司厨に関する研究（大型フェリーに関する実態調査）
・船員福祉の理念と具体策に関する調査研究（中高年退職船員の生活実態調査）
・西部徹一『船の労働衛生』刊行（成山堂）
事務所が平川町砂防会館から海事センタービルに移転

1976(昭和51)年

5月　在来型貨物船の労働実態に関する乗船調査実施（黒海航路貨物船，紀伊丸）
6月　大橋信夫，桐原賞受賞
8月　研究所の再興に尽力した渡辺俊道逝去
9月　海上労働科学研究所刊行文献抄録集発刊（創立10周年記念）
・大型カーフェリーにおける換気と一酸化に関する実態調査
・騒音・振動の許容基準に関する実験的研究（振動が視覚に与える影響などに関する実験）
・技術革新に対応した船内司厨に関する研究開始（外航船における実際の献立の分析）
・船員福祉の理念と具体策に関する調査研究（海運企業の家族対策，船内リクリエーションの実態調査）
・漁業労働災害の原因究明に関する研究（沖合底びき網漁船における事例蒐集）
・西部徹一『日本の船員―新しい船員像をさぐる』刊行（日本海事広報協会）

『海上労働科学文献抄録集』（1966年刊，B5版，173頁）

『海上労働科学研究所刊行文献抄録集』（1976年刊，A4版，128頁）

『日本の船員』表紙と奥付の一部（1976年刊）

1977(昭和52)年

2月　新しい船員職業に関する具体案を提案，その内容は後の官労使による船員制度近代化プロジェクトが想定した「仮説的船員像」の基礎となる

	4月　運輸省船員局長の私的諮問機関として，官労使の代表からなる船員制度近代化調査委員会が設置され，海上労研も調査員として参加 7月　近代化調査委による官労使合同のMゼロ船の就労実態に関する乗船調査実施（北米西岸航路コンテナ船，氷川丸，豪州航路鉱石船，鋼寿山丸，ペルシャ湾航路調査・宗珠丸） ・騒音・振動の許容基準に関する実験的研究（振動が視覚に与える影響などに関する実験） ・技術革新に対応した船内司厨に関する研究（調理工数の分析，船員の食事欲求などに関する調査） ・船員の心肺機能に関する調査（沿岸フェリー乗組員） ・船艙内における酸欠事故原因に関する調査研究（チップ船，石炭船） ・船員福祉の理念と具体策に関する調査研究（家族の状況，期待する福祉などに関する質問紙調査） ・漁業労働災害の原因究明に関する研究（沖合底びき網漁船における事例収集） ・遠洋漁船乗組員の就労実態およびライフサイクルに関する研究（沖合底引き漁業：香住，遠洋底びき網漁業：塩釜・石巻，以西底引き網漁業：福岡について，面接および質問紙調査）
1978(昭和53)年	6月　近代化調査委による官労使合同の外国船の就労実態に関する乗船調査実施（西ドイツ，欧州航路コンテナ船，Hongkong Express号） 7月　近代化調査委による官労使合同の近海航路就労実態に関する乗船調査実施（インドネシア航路材木運搬船，栄慶丸） 7月　近代化調査委による官労使合同の内航船の就労実態に関する乗船調査実施（内航新聞紙輸送船，第2釧路丸，樽前山丸） 　　9月　タンカーによる石油備蓄開始 ・衝撃振動と同様の評価基準に関する調査研究（高速巡視船における振動測定） ・将来の船内食料給与の方法研究（調理工程作業分析法と調理工数算定法のとりまとめ） ・遠洋漁船乗組員の就労実態およびライフサイクルに関する調査実施（宮城県雄勝町，三重県浜島町，高知県室戸岬町で面接および質問紙調査） ・船員福祉の理念と具体策に関する調査研究（とりまとめと提言） ・混乗に関する研究着手
1979(昭和54)年	4月　運輸大臣の私的諮問機関として，官労使の代表からなる船員制度近代化委員会設置，"近代化プロジェクト"が開始 11月　若手漁業就業者の動向に関する面接調査実施（岩手県山田町，石川県内浦・能都町，島根県浜田市） ・石油備蓄タンカー乗組員の労働と生活の実態調査（大洋漂泊船と内地湾内錨泊船の比較） ・将来の船内食料給与の方法研究（調理作業の省力化，複数献立など） ・衝撃振動と同様の評価基準に関する調査研究（高速艇乗組員の脊柱変形など調査） ・将来の船内食料給与の方法研究（調理作業の省力化，複数献立など） ・漁船員の腰痛に関する質問紙調査（三崎港，CMIなど）
1980(昭和55)年	2月　フィリピン人と日本人とが乗組む混乗船における労働と生活の実態に関する乗船調査実施（リベリア船籍雑貨船，地中海航路，Verbena号） 3月　フィリピン船員の教育・訓練・雇用状況に関するマニラにおける現地予備調査実施 　　4月　東京商船大学，初の女子学生受け入れ 7月　西部徹一『海上労働科学のあゆみ』出版 8月　漁船における作業構造と消費エネルギーの実態に関する乗船調査実施（カツオ一本釣り漁業） 　　12月　大型撒積船"尾道丸"，太平洋で船首折損沈没（後の海難審判において，この種の海難防止のために船舶の設計などを見直す措置の必要性が指摘された）

『海上労働科学のあゆみ』
（1980年刊）

	・機関部員の騒音性の実態調査（海技大学校講習生の聴力測定）
	・衝撃振動と同様の評価基準に関する調査研究（高速艇乗組員の脊椎変形など調査）
	・イギリスにおける船員の雇用制度に関する調査（文献収集，分析）
	・漁船員の腰痛に関する実態調査（三崎港，レントゲン，生化学的検査，問診など）
	・横浜に船舶調理講習所開設（労研の司厨長栄養講習会は終了）
1981（昭和56）年	・大島正光，研究専門委員会委員長に就任
	4月　鹿児島沖で「日昇丸」が急上昇したアメリカ海軍原子力潜水艦に衝突され沈没（後述の「えひめ丸」沈没事件と類似）
	・フィリピン船員のプロフィールに関する分析
	・機関部員の騒音性の実態調査（商船の甲機船員と漁船員の聴力測定）
	・ケミカルタンカー乗組員の健康検査実施
	・海上労働の負担要因とその相互の関連性に関する研究
	・食料給与の方法研究
	・漁船海難遺族の生活実態調査実施（海難遺族世帯の多いY県H市で，面接および質問紙調査）
	・船員雇用に関する国際比較に関する文献調査実施
	・漁船員の腰痛予防に関する実験的調査研究（外川町，まき網漁船員）
	・漁船海難遺族の生活実態調査実施（海難遺族世帯の多いA県K村で，面接および質問紙調査）
1983（昭和58）年	6月　漁船員の海中転落の原因に関する研究
	8月　海中転落経験者への面接調査実施（宮城県気仙沼町）
	12月　海中転落経験者への面接調査実施（まぐろ延なわ漁業，高知県奈半利，室戸岬町）
	・西ドイツおよびノルウェー海運産業における安全性向上プロジェクトの紹介
	・船員職業の社会的位置づけに関する調査
	・内航ケミカルタンカー乗組員の健康障害と有害物暴露状況に関する調査実施
	・カーフェリーに搭載する自動車の排気ガスが乗組員の健康に与える影響に関する乗船調査実施
	・漁船員の腰痛予防に関する実験的調査研究（予防体操など提案）
	・漁船海難遺族の生活実態調査実施（海難遺族世帯の多いK県M村で，面接および質問紙調査）
1984（昭和59）年	1月　海中転落経験者への面接調査実施（遠洋まぐろ延なわ漁業，静岡県焼津市）
	9月　海中転落経験者への面接調査実施（沖合底びき網漁業，兵庫県香住，青森県八戸，富山県新湊）
	10月　トヨタ財団の研究助成金を得て，職場集団における文化摩擦と葛藤（便宜置籍船乗組員に関する研究）の国際共同研究に着手（日本，韓国，フィリピン，インドネシア），第1回ワークショップ開催（東京）
	・簡易型有機ガス検知器の開発
	・カーフェリーに搭載する自動車の排気ガスが乗組員の健康に与える影響に関する乗船調査実施（中距離フェリー）
	・外航船船員の飲酒と健康管理（入渠中の外航船乗組員）
	・商船船員の健康・体力づくりの実証的研究（錨泊備蓄タンカー乗組員）
	・船員職業の社会的位置づけに関する調査（外航船員，海運関係者への面接）
	・船内集団の効果的運営に関する研究（集団成果の諸指標とその測定法の開発の試み）
	・内航船員の労働と生活に関する労働科学的調査（就労実態基本調査実施）
	・漁船海難遺族の生活実態調査実施（海難遺族世帯の多いN県G町で，面接および質問紙調査）
1985（昭和60）年	3月　インドネシアにおける海事教育と船員雇用状況に関する現地調査実施
	6月　韓国における海事教育と船員雇用状況に関する現地予備調査実施
	女子船員に関して船員法の一部改正
	8月　韓国人との混乗船における労働と生活に関する乗船調査実施（パナマ船籍，北米西岸航路鋼材運搬船，Saint Laurent号，内地サイド）
	9月　プラザ合意で円相場急騰
	・商船船員の健康・体力づくりの実証的研究（錨泊備蓄タンカー乗組員，まとめ）
	・船員職業の社会的位置づけに関する調査（まとめ）

	・船内集団の効果的運営に関する研究（まとめ）
	・内航船員の労働と生活に関する労働科学的調査（船内生活環境と生活時間構造など）
	・危険物輸送時の事故に対する応急措置に必要な情報提供に関する予備的研究
	・乗船中の健康管理に関する調査（肥満，有害物，飲料水関係）
1986（昭和61）年	1月　海中転落経験者への面接調査実施（まき網漁業，鳥取県境港，長崎県奈良尾町，宮城県石巻市）
	3月　韓国における海事教育と船員雇用状況に関する現地調査実施
	3月　台湾における海事教育と船員雇用状況に関する現地調査実施
	8月　欧州海運先進国における外国船員雇用状況に関する現地調査実施（西ドイツ，オランダ，イギリス，ノルウェー，スウェーデン）
	12月　職場における文化摩擦と葛藤に関する国際共同研究第2回ワークショップ開催（韓国，光州市）
	・船内集団成果とリーダーシップに関する乗船調査実施（コンテナー船）
	・内航船員の労働と生活に関する労働科学的調査（船内環境・災害，受給動向，職業移動など）
	・船内余暇活動に関する調査
	・船員の退職後の生活動向に関する調査（内航・近海船船員の船員歴，家族状況など）
	・簡易型有機ガス検知器の実用化に関する研究
	・中小漁業経営者の労働力需要の動向に関する現地調査実施（長崎県：まき網漁業・以西底引き網漁業，神奈川県：遠洋まぐろ漁業）
	・沿岸漁業就業構造改善などに関する現地調査実施（山形県酒田市，新潟県山北町）
	・勝木新次逝去
1987（昭和62）年	4月　船員特別退職制度による緊急雇用対策開始，"脱日本人船員"の契機に
	3月　韓国人との混乗船における労働と生活に関する乗船調査実施（パナマ船籍，アジア―北米西岸航路アジアサイド航海中，近代化仕様最新鋭コンテナー船，Bay Bridge号）
	7月　欧州海運産業への船員労働力供給国の海事教育などに関する現地調査実施（モロッコ，スペイン）
	12月　海外出漁大型いかつり漁船の労働と生活の実態に関する乗船調査実施（ニュージーランド周辺海域）
	・船員の退職後の生活動向に関する調査（再就職状況など）
	・技術革新にともなう海上生活の変化に対する船員の適応に関する研究（北米航路コンテナー船乗組員への質問紙調査および乗船調査による生活時間構造など）
	・船舶におけるパソコンの活用に必要な情報のデータベース化に関する予備的研究
	・中小漁業経営者の労働力需要の動向に関する現地調査実施（茨城県：さんま棒受け網漁業・さけ・ます流し網漁業）
	・海外出漁大型いかつり漁船における労働環境の調査（質問紙調査および面接調査）
	・沿岸漁業就業構造改善などに関する現地調査実施（千葉県船橋市）
	・漁船海難遺族の生活実態調査実施（海難遺族世帯の多いH県I町で，面接および質問紙調査）
	・西岡昭，研究専門委員会委員に就任
1988（昭和63）年	3月　西部徹一『船員の戦後史事典』［労働科学叢書83］
	6月　職場における文化摩擦と葛藤に関する国際共同研究第3回ワークショップ開催（フィリピン，セブ市）
	8月　フィリピン人との混乗船における労働と生活に関する乗船調査実施（パナマ船籍，アジア―北米西岸航路アジアサイド航海中，近代化仕様最新鋭コンテナー船，Alligator Triumph号）
	・技術革新にともなう海上生活の変化に対する船員の適応に関する研究（豪州航路石炭専用船の乗組員への質問紙調査など）
	・海上労働に関する通信情報化に関する方法の開発（海上労研の発表文献の情報化，船内食事管理支援ソフトの開発など）
	・「危険物による事故の際の応急医療の手引き（WHO/

『船員の戦後史事典』（1988年刊）

IMO/ILO）」の手引書の作成
・混乗船の労働実態に関する調査研究（混乗を経験した日本人船員への質問紙調査）
・海外出漁大型いかつり漁船における労働環境の調査（質問紙，面接，および乗船調査結果のまとめ）
・中小漁業経営者の労働力需要の動向に関する現地調査実施（広島県：かき養殖漁業，愛媛県：魚類養殖漁業）
・漁業労働安全指導強化事業の一環として，沿岸漁業労働の災害実態に関する調査（愛媛県：南宇和市，三重県鳥羽市）
・漁業海難遺族の生活実態調査実施（海難遺族世帯の多いK県M町で，面接および質問紙調査）

1989（平成 1 ）年	・技術革新にともなう海上生活の変化に対する船員の適応に関する研究（北太平洋航路コンテナ船の乗組員への質問紙調査など） ・混乗船の労働実態に関する調査研究（前年度の補足および船内給食の実態などについて日本人船員への質問紙調査，まとめ） ・海上労働に関する通信情報化に関する方法の開発（海事情報通信実験，危険物災害支援ソフトの開発など） ・外航および漁業離職船員の雇用動向と職域開発に関する調査研究（緊急雇用対策により離職した外航船員について） ・漁船船員の労働実態調査（11漁種，500隻，6,600人に対して質問紙調査実施） ・漁業労働安全指導強化事業の一環として，沿岸漁業労働の災害実態に関する調査（石川県西海町，高浜町） ・漁船海難遺族の生活実態調査実施（海難遺族世帯の多いM県S町およびI町，面接および質問紙調査）
1990（平成 2 ）年	・漁船船員の労働実態調査（前年度の質問紙調査の分析および八戸市で 4 漁種について面接調査実施） ・外航および漁業離職船員の雇用動向と職域開発に関する調査研究（キャリアーディベロップメントについて） ・内航船員需要実態調査 ・船員職業に対する意識調査 ・船員の健康・体力づくりの具体的方法および環境づくりについての調査研究 ・海上労働に関する通信情報化に関する方法の開発（まとめ）
1991（平成 3 ）年	・船員職業に対する意識調査 ・混乗船における外国人船員の労務・安全・衛生に関する乗船調査実施 ・船員労働時間短縮動向調査 ・漁業離職船員の雇用動向と職域開発に関する調査研究
1992（平成 4 ）年	4 月　職場における文化摩擦と葛藤に関する国際共同研究第 3 回ワークショップ開催（インドネシア，バリ市） ・混乗船における外国人船員の労務・安全・衛生に関する質問紙調査実施 ・船員労働時間短縮動向調査 ・欧州の先進海運国船における船員の船内就労実態に関して現地調査実施（イギリス，ノルウェー）
1993（平成 5 ）年	・船員労働時間短縮動向調査 ・欧州の先進海運国船における船員の船内就労実態に関して現地調査実施（ドイツ） ・中高年船員の労働力活用に関する意識調査実施 ・船舶における乗組員の国際化に伴う，船内業務および船内生活上の諸問題への対策に関する調査研究 ・内航船員の雇用動向および雇用実態・職業意識に関する調査
1994（平成 6 ）年	・船員労働時間短縮動向調査 ・若手外航および内航船員の船員職業生活に関する意識調査

職場集団における文化摩擦と葛藤に関する国際共同研究第 4 回ワークショップ（1992年，バリ）

	・国内海上輸送における海難・労働災害の発生とワークロードとの関係に関する調査研究
	・旅客船における船員の雇用動向および移動状況に関する質問紙調査
	・内航船員の雇用動向および雇用実態・職業意識に関する調査
	・漁業労働力確保改善調査
	・混乗近代化船実用化
1995（平成 7 ）年	2 月　海の日の祝日化法案国会で成立
	・船員労働時間短縮動向調査
	・漁業就労の現状と漁業労働力の移動に関する文献収集と現地予備調査
	・女子船員に関する調査
1996（平成 8 ）年	・船員労働時間実態調査
	・国内海上輸送における海難・労働災害の発生とワークロードとの関係に関する調査研究
	・漁業就労の現状と漁業労働力の移動に関する質問紙調査
	・日本人船員の職業意識とその背景に関する調査（分析の枠組み検討）
	・西部徹一逝去
1997（平成 9 ）年	・船員労働時間実態調査
	・日本人船員の職業意識とその背景に関する質問紙調査実施
	・船内作業におけるヒューマンエラーと注意力に関する研究
	・混乗漁船員の就労実態調査
1998（平成10）年	2 月　船舶職員法改正　外国人への承認制度の創設（外国人労働者を公式に受け入れる足がかりとなる）
	・船員労働時間実態調査
	・船内作業におけるヒューマンエラーと注意力に関する研究
	・混乗漁船員の就労実態調査
	・外航船舶に乗組む日本人船員のキャリアー志向とアイデンティティに関する調査
1999（平成11）年	2 月　世界の海上通信システムがモールスからGMDSS体制に移行　（SOSが姿を消した）
	8 月　公職選挙法改正，国政選挙にファックスによる洋上投票が可能に　（在外投票（平成18年）への足がかり）
	・船内作業におけるヒューマンエラーと注意力に関する研究
	・外航船舶に乗組む日本人船員のキャリアー志向とアイデンティティに関する調査
	・船員の健康と就労実態調査
	・操船従事者の精神的ストレスに関する調査
2000（平成12）年	6 月　第42回衆議院選挙で初の洋上投票実施，90隻，745人が投票
	・衝突・乗揚げの人的要因に関するインシデントレポートシステムの開発と応用に関する研究
	・交代制勤務に係る人間特性の調査研究（電気業）
	・現代の若者の職業としての漁業に関する意識調査
	・船員の健康と就労実態調査
	・操船従事者の精神的ストレスに関する調査
	・女子船員の雇用実態と職業意識についての調査
	・内航船員の需給動向およびその将来予測に関する調査
	・内航船の整備・修理および貨物艙のクリーニング作業の標準化に関する調査
2001（平成13）年	2 月　宇和島水産高校実習船「えひめ丸」ハワイ・オアフ島沖で，アメリカ海軍原子力潜水艦「グリーンビル」に衝突され沈没，9 名行方不明
	・衝突・乗揚げの人的要因に関するインシデントレポートシステムの開発と応用に関する研究
	・女子船員の就労環境と職業意識についての調査
	・混乗船における外国人船員の就労実態とマネジメントに関する調査研究
	・内航船員の需給動向とその給源に関する調査
	・まき網漁業における作業リスクと熟練度に関する調査
2002（平成14）年	・船内作業衝突・乗揚げの人的要因に関するインシデントのデータベース開発と応用に関する研究
	・外航海運における外国人船員の職業的能力とマネジメントに関する調査研究
	・船員労働災害の要因に関する研究

2003（平成15）年	・船内事務作業に関する調査 ・船内就労状況実態調査 ・内航船員の雇用動向および若年内航船員に関する調査 ・座礁・沈船実態調査報告 ・底引き網漁業における作業リスクと熟練度に関する調査 ・外航海運における外国人船員の職業的能力とマネジメントに関する調査研究 ・船内情報管理の負担軽減と安全性向上に関する調査研究 ・船員の疾病とその要因に関する労働科学的研究 ・座礁・沈船による漁場油濁等実態調査 ・艦艇乗組員のエネルギー消費量などに関する調査研究 ・内航船員の雇用計画に関するニーズ調査 ・甲板部・機関部の兼務雇い入れの可能性に関する実証実験 ・飯田裕康，研究専門委員会委員に就任
2004（平成16）年	・船内情報のネットワークによる情報処理負担軽減と安全性向上に関する調査研究 ・船員の疾病とその要因に関する労働科学的研究 ・甲板部・機関部の兼務雇い入れの可能性に関する実証実験 ・漁獲物の仕分け作業の身体的負荷に関する調査
2005（平成17）年	・船員のメンタルケアの必要性とその手法について ・安全衛生マネジメントシステムにおける労働者参加型改善活動の船舶への導入の試み
2006（平成18）年	3月　㈶海上労働科学研究所　法人見直し政策の一環で解散（海上労働に関する日本の組織的な労働科学的研究は終焉を迎えた）

後　記

　各種の記録を照合させてできるだけ正確であるように努めた。それでも短期間での作成だったので，記載漏れや誤記もあろうかと思う。お気づきの方からの指摘を受けて訂正していきたい。本表を作成してみて，報告書だけではなく，学術雑誌に掲載された論文や国際学会，国内学会における発表などを含めた文献リストを作成する必要性を改めて感じた。またこれらの調査や研究が行われた背景や研究組織が変化した原因などを含めた，いわば海上労働科学研究外史を記しておく必要性も感じられた。　　　作成：大橋信夫

おおはし・のぶお
元日本福祉大学・教授，元海上労働科学研究所・主任研究員，労働科学研究所・客員研究員，松蔭大学教授

戦後漁業・水産業の動向と労働科学研究・調査テーマ

西暦	和暦	漁業・水産関係事項	漁業・水産に関する労働科学的研究・調査テーマ：労働科学研究所、海上労働科学研究所	関連学会学会誌（『漁業経済研究』『北日本漁業』『西日本漁業経済学会誌・地域漁業研究』等）
1945	S20	・GHQのマッカーサーライン設定 ・小笠原近海捕鯨出漁許可 ・木造船（12万㌧）、鋼船（21万㌧）の漁船建造計画を閣議決定		
1946	S21	・GHQ、第1次漁船建造許可 ・GHQ、南氷洋捕鯨出漁再開許可		
1949	S24	・以西底曳網漁業及びトロール漁業の整理要綱発表（3割減船、49.2.9整理終了） ・漁業法、同施行法公布（50.3.14）	・静岡県の網代（漁村）に暉峻義等自身が入り、定置網漁業従事者の生活時間・労働実態を調査	
1950	S25	・以東底曳網漁業総合基本対策要綱発表 ・母船式マグロ漁業許可（母船式マグロ南方漁区赤道まで拡大） ・日本鰹鮪漁業協同組合連合会設立 ・以西底曳減船整理実施要領を決定（中間漁区決定） ・水産資源枯渇防止法公布（以西底曳網漁法の制限、5月20日施行）	・近海漁業（以西底曳網漁船、トロール漁船等に暉峻自身が乗船して調査）の漁船員のクレッペリン検査・心理テストを実施 ・富山県氷見湾の定置網で、漁業作業の検討（暉峻義等ほか） ・「汽船トロール漁業以西労働予備調査報告」（暉峻義等ほか）水産庁 ・「静岡県網代における定置網漁業労働に関する報告」（暉峻義等ほか）水産庁 ・「富山湾における定置漁業労働に関する報告」（暉峻義等ほか）水産庁	
1951	S26	・GHQ、天然資源局日本沿岸漁民の直面している経済的危機とその解決策として5ポイント計画を勧告 ・船舶職員法公布 ・日本国際捕鯨取締条約に加入 ・日米加漁業条約仮調印 ・水産資源保護法公布（'52年6月16日施行、同日に水産資源枯渇防止法廃止	・長崎県野母のイワシ網、瀬戸内海の下津井、日生、吉和の小釣、小名浜のサンマ、女川の以東底曳網など、沿岸漁業を調査（暉峻義等他）	
1952	S27	・GHQの指令により越佐海峡の機船底曳網漁業禁止 ・韓国李承晩大統領海洋主権宣言（李ライン） ・52年度北洋出漁方針を発表（母船式サケ・マス3船団の試験操業）		

		・GHQ、覚書をもって「マ・ライン」を廃止 ・日米加3国漁業条約調印（53.6.12発効、有効期限10年） ・「中小漁業融資保証法」公布 ・年間漁獲量、戦前の最高水準突破		
1953	S28	・大日本水産会発足 ・「以西底曳、遠洋鯉鮪漁業の許可等についての漁業法の臨時特例に関する法律」公布 ・北洋鮭鱒漁業操業区域拡張許可、決定 ・「中型底曳整理転換要綱」発表 ・「漁業転換促進特別措置法案要綱」発表	・鹿児島県串木野のマグロ漁船で、漁網が綿糸から化繊に転換することでの漁撈技術の変化を研究（暉峻義等他）	・『貧しさからの解放』（近藤康男編・＜労研関係研究者：暉峻義等・楠喬・藤本武士＞）中央公論社
1954	S29	・「漁業転換促進要綱」発表（5ヵ年計画で沿岸零細漁業と摩擦の多い漁業を沖合・遠洋に転換 ・第5福竜丸　ビギニ環礁における水爆実験により放射能汚染 ・北海道近海で，暴風雨により漁船の大遭難発生 冷凍工船漁業の再開		・「漁村類型と漁民層の位置」（岩切成郎著）『漁業経済研究』第3巻第1号 1954.8 ・「最近の漁民層の位置」（平沢豊著）『漁業経済研究』第3巻第1号 1954.8 ・「漁村類型と漁夫層の位置」（岩切成郎著）『漁業経済研究』第3巻第1号 1954.8 ・『續 貧しさからの解放』（近藤康男著）中央公論社
1955	S30	・「沿岸漁業振興5ヵ年計画」庁議決定 ・日本マグロ漁船の大西洋進出		・「出稼漁夫村の形成過程」（志村賢男著）『漁業経済研究』第4巻第1号 1955.7 ・「ニューイングランド漁業におけるレイ・システムと労働運動」（黒沢一清著）『漁業経済研究』第4巻第2号 1955.10 ・「漁業労働者の現況」（井上和夫著）『漁業経済研究』第4巻第2号 1955.10 ・『むらの構造－農山漁村の階層分析－』（近藤康男編）東京大学出版会
1956	S31	・サケ・マス延縄に許可制度設定 ・日ソ漁業条約調印（12月12日発効）		・「北海道出稼ぎの供給形態」（小林謙一著）『漁業経済研究』第4巻第3・4合併合 1956.3 ・「水爆実験の日本漁業に与える社会経済的影響の調査の課題」（近藤康男著）『漁業経済研究』第5巻第1号 1956.7 ・『日本漁村の構造類型』（近藤康男監修・小沼勇著）漁業問題叢書II・東京大学出版会

1957	S32		・遠洋漁船での漁業労働実態、健康調査を暉峻の提案で1962年まで続ける	・「ビギニ水爆実験とマグロ漁業1─三崎の漁業労働者への影響」(角田豊・中村秀一郎共著)『漁業経済研究』第6巻第1号 1957.11
1958	S33	・母船式フィッシュミール漁業再開		・「北洋サケ・マス独航船漁夫の労働関係」(小林謙一著)『漁業経済研究』第6巻第3号 1958.3
1959	S34	・日ソ漁業委員会でソ連側、禁漁区の新設・拡大と漁期の大幅短縮を提案 ・「農林漁業基本問題調査会設置法」公布 ・水産庁、母船協議会と日本鮭鱒漁連に北洋サケ・マス漁業の監督強化の基本方針を通告	・マグロ漁船調査(東海海運局管内)	・「北海道ニシン漁業地帯における労働市場の性格」(志村賢男著)『漁業経済研究』第7巻第4号 1959.3
1960	S35	・「漁業協同組合整備促進法」 ・チリ地震津波来襲・太平洋側沿岸漁村で多大な被害 北洋漁業再編成に基づく独航船50隻にカツオ・マグロ転換船の許可を始める ・「農林漁業基本問題調査会」漁業について「基本問題と基本対策」を首相に答申 ・「中型底曳の北洋転換要綱及び取扱方針」		・「漁家の所得と就業構造の動向と課題」(中井昭著)『西日本漁業経済学会誌・地域漁業研究』第2号 1960
1961	S36	・漁船の遭難続発		・「沿岸漁業の就業の動向についての一考察」(赤井雄次著)『漁業経済研究』第10巻第1号 1960.7 ・「就業構造の改善の問題」(志村賢男著)『西日本漁業経済学会誌・地域漁業研究』第3号 1961 ・「中小漁業における就業構造の変質過程」(鯨岡稔雄著)『西日本漁業経済学会誌・地域漁業研究』第3号 1961
1962	S32	・「漁業法」改正(指定漁業制度の創設) ・「水産業協同組合法」改正	・暉峻義等ら(岩崎繁野・服部昭・広田<杉原>弥生・大橋信夫)、築地魚市場で漁船の水揚労働の調査実施	・「漁村の就業構造についての若干の考察」(中井昭著)『漁業経済研究』第11巻第2号 1962.9 ・「漁業労働と経営」(大村長治著)『西日本漁業経済学会誌・地域漁業研究』第4号 1962 ・「以東底曳地帯における労働力の就業配置について」(吉木武一著)『西日本漁業経済学会誌・地域漁業研究』第4号 1962

				・「構造改善と漁民」（藤原弁止著）『西日本漁業経済学会誌・地域漁業研究』第4号 1962
1963	S38	・「農林漁業金融公庫法」改正（農林漁業経営構造改善資金制度を新設） ・「沿岸漁業等振興法」公布 ・39㌧型カツオ・マグロ漁業、大臣指定漁業となる	・遠洋漁船保険管理改善試験研究報告（水産庁） ・水揚漁業労働調査報告（運輸省）	・「高度蓄積過程における漁業就業者構造の変動」（志村賢男著）『漁業経済研究』第12巻第2号 1963.9 ・「鹿児島県カツオ漁業における労働事情」（蓑田瑞穂著）『西日本漁業経済学会誌・地域漁業研究』第5号 1963 ・「宮崎県カツオ漁業における労働事情」（野崎徹志著）『西日本漁業経済学会誌・地域漁業研究』第5号 1963
1964	S39	・第1回の「漁業白書」を発表 ・「漁業災害補償法」（中小漁業者のための漁業共済事業による補償制度）	・マグロ漁船の船内環境調査実施（神奈川県・三崎港） ・遠洋マグロ漁船における船内労働の実態に関する乗船実施（チモール沖、栄吉丸）（服部昭） ・遠洋マグロ漁船の食料と栄養に関する調査報告発表（労働科学研究所・労研）	・「海部考」（伊豆川浅吉著）『漁業経済研究』第13巻第2号 1964.9
1965	S40	・日韓漁業協定調印 ・静岡県カツオ漁船団、マリアナ海域で遭難（7漁船、支社・行方不明209人）	・北洋捕鯨船における人間関係に関する乗船調査実施（青木＜大木＞修次） ・「青森県八戸のイカ釣漁業労働」（「労働の科学」） ・「遠洋マグロ漁船船員の労働の実態に関する調査（1）―労働時間と積込食糧について―」（労研） ・国際生理学会が「暉峻博士の海女の研究に対する業績を讃えるシンポジウム」を開催 ・「遠洋マグロ漁船員の労働と生活に関する調査報告」（服部昭）日本海難防止協会	・「長崎県下まき網漁業の労働事情と労働問題」（八木庸夫著）『西日本漁業経済学会誌・地域漁業研究』第7号 1965 ・「漁業における労働保護方法の現状と課題」（青塚繁志著）『西日本漁業経済学会誌・地域漁業研究』第7号 1965 ・「土木工事と失業保険に生きる漁村」（相沢昴著）『西日本漁業経済学会誌・地域漁業研究』第7号 1965 ・「近世捕鯨の労働」（和田勉著）『西日本漁業経済学会誌・地域漁業研究』第7号 1965 ・「医療電報からみた遠洋漁船船員の傷病について」（岩崎繁野著）『西日本漁業経済学会誌・地域漁業研究』第7号 1965
1966	S41	・大西洋のマグロ類保存のための国際条約締結（1969年3月31日発効） ・水産庁、冷凍魚流通試験事業の方針を公表 ・コールド・チェーン化実施に向かう	・遠洋マグロ漁船船員の人間関係に関する研究（岩崎繁野・青木修次） ・「遠洋マグロ漁船船員の衛生管理方式に関する調査研究」（船員保険会） ・「遠洋マグロ漁船船員の	・「医療電報からみた漁船船員の傷病について」（服部昭著）『西日本漁業経済論集』第7巻 ・「続 海部考」（伊豆川浅吉著）『漁業経済研究』第14巻第4号 1966.4

年	年号	法律・動向	調査	文献
			労働の実態に関する調査（2）―船内居住環境と積込食糧―」（服部昭） ・「遠洋マグロ漁船船員の傷病について」（＜岩崎繁野・服部昭・山口理子共著＞）『労働科学』 ・「日本のあま（海女）の現状について」（岩崎繁野著）『労働の科学』 ・「漁船員の傷病と衛生管理」『漁村』	
1967	S42	・「中小漁業振興特別措置法」公布、即日施行 ・「外国人漁業の規制に関する法律」公布（10月12日施行） ・「公害対策基本法」公布、即日施行 ・以西、沖底、遠洋カツオ・マグロ、搭載型母船式マグロ、近海カツオ・マグロ各漁業許可更新 ・スケトウダラ漁獲量、100万トン突破	・沿岸漁村の生活実態調査（新潟県岩舟町）（岩崎繁野） ・漁船の海難事故原因の究明に関する調査（北海道釧路市）（服部昭） ・海女の作業および用具に関する面接調査（壱岐、対馬、福岡）（岩崎繁野） ・「遠洋マグロ漁船船員の労働の実態に関する調査（3）―船内の人間関係―」（服部昭著）（海上労働科学研究所）	・「焼津カツオ・マグロ漁業経営の労務管理と分配方法の展開」（大海原宏著）『漁業経済研究』第15巻第3・4合併合 1967.3
1968	S43	・チリ沖マグロ新漁場開発サバ類、漁獲量、100万トン台にのる ・指定漁船海員の労働時間規定される（操業中を除いて1日8時間以内、1週間56時間以内） ・4,000トン級トロール漁船建造 ・マグロ延縄漁船のリール使用本格化	・海女の栄養実態調査（千葉県千倉町）（岩崎繁野） ・沿岸漁村の生活実態調査実施（千葉県千倉町）（岩崎繁野） ・遠洋マグロ漁船船員の家族の生活意識に関する調査実施（三崎、焼津、唐桑）（服部昭） ・沿岸漁村の生活実態調査実施（壱岐、対馬）（岩崎繁野） 新技術漁業労働影響調査 ・以西底引き漁業（服部昭） ・漁船の海難事故原因の究明に関する調査研究（漁船保険中央会）（服部昭） ・遠洋マグロ漁船船員の労働の実態に関する調査（4）―船内の人間関係―（海上労働科学研究所）（服部昭）	・「漁家の生活および生活環境の現状―実態調査を中心にして―」（岩崎繁野著）『水産経済研究』第11号
1969	S44	・大西洋マグロ保存条約発効 ・「漁業近代化資金助成法」公布（8月1日施行） ・「いかつり漁業等の取締りに関する省令」公布100トン以上のイカ釣り船を承認制とする）	・沿岸漁村の生活実態調査実施（壱岐、宇品市）（岩崎繁野） ・まき網漁船船員の需要と老齢化に関する調査実施（千葉県大原町）（服部昭） ・新技術が漁業労働におよぼす影響に関する乗船調査実施（ガラパゴス沖、マグロ延縄漁船、黒潮丸）（服部昭）	・「いか釣漁業における労働問題について」（手島弘平著）『水産経済研究』第13号 1969.11 ・「日本のあまの現状について―房総のあまの調査を中心にして―」（岩崎繁野）『西日本漁業経済学会誌・地域漁業研究』

			・新技術漁業労働影響調査　まきあみ漁業（服部昭） ・あまの健康管理基準に関する研究報告（千葉県漁業協同組合連合会）（岩崎繁野） ・遠洋マグロ漁船船員の労働の実態に関する調査（5）―漁船員の家族―（海上労働科学研究所）（服部昭）	
1970	S45	・「船員法改正」（5㌧以上の漁船に同法を適用）公布（71年1月1日施行） ・「海洋汚染及び海上災害の防止に関する法律」公布 ・漁船の遭難続発	・低温環境労働の人体におよぼす影響に関する乗船調査実施（遠洋マグロ延縄漁船）（服部昭・大橋信夫） ・新技術漁業労働影響調査　マグロ延縄漁業（服部昭・山岡靖治） ・「日本のあまの現状―日本人の適応能その研究方法と研究成果第7編あまの適応能―」（岩崎繁野）『講談社』 ・「漁家の生活および生活環境の現状（2）―実態調査を中心にして―」（「水産経済研究」14号）（岩崎繁野） ・漁村子弟の教育（「水産界」）（岩崎繁野） ・まき網漁船船員の労働の実態に関する研究（日本海難防止協会）（服部昭） ・「漁労機械化が漁業労働に及ぼす影響―以西底曳網漁業調査―」（服部昭ほか）・『海上労働調査報告第20集別冊』海上労研	・「漁業災害補償と労働問題」（中井国之助）『西日本漁業経済学会誌・地域漁業研究』第12号 1970 ・Ecology of the Japanese Ama（Physiological Adaptability and Nutritional Status of the Japanese（横山）） ・Energy Costs of Diving Ama（Physiology of Breath―Hold Diving and Ama（横山） ・Occupational Diseases of the Ama（Physiology of Breath―Hold Diving and the Ama（原島） ・「漁家の生活及び生活環境の現状（2）」（岩崎繁野著）『水産経済研究』第14号
1971	S46	・海洋水産資源開発センター発足 ・本年以降、水産物輸入額が輸出額を上回る	・低温環境労働科学的調査（2）（水産庁） ・「日本のあまの生態について」（岩崎繁野）『労働科学』 ・「新技術漁業労働影響調査報告書」（服部昭）水産庁	
1972	S47	・北洋サケ・マス漁業の減船対策を閣議決定（とも補償に要する一部資金として約20億円補助） ・中型イカ釣り船（30〜100㌧）を承認制に） ・政府、内海魚からPCB汚染高濃度の検出について発表 ・国内漁業生産量1,000万㌧を突破（うちスケトウダラが300万㌧の大台にのる）	・機関室騒音と聴力障害に関する実態調査実施（マグロ漁船、大型貨物船）（服部昭ほか） ・漁船乗組員多発症調査報告（1）（水産庁）（服部昭ほか） ・「沖縄漁民の生活と漁家の実態」（岩崎繁野）『水産界』 ・「漁家の生活環境を想う」（岩崎繁野）『はまのなかま』	・「漁家の生活および生活環境の現状（総括篇）―沿岸漁業における婦人労働―」（岩崎繁野）『水産経済研究』第17号

1973	S48	・「水銀等による水産動植物の汚染に係る被害漁業者等に対する資金の融通に関する特別措置法」公布、即日施行 ・石油輸出国機構（OPEC）、石油の生産・供給制限、価格引き上げ等を決定＜石油ショック＞ ・「水産用燃油確保対策」を実施 ・第3次国連海洋法会議、第1会期開催	・寒冷漁場における労働科学的研究、遠洋底曳網漁船の労働実態に関する乗船調査実施（ベーリング海、北転船）（服部昭・大橋信夫・篠原陽一） ・漁船乗組員多発症調査報告（2）（水産庁）（服部昭ほか）	・「北転船に於ける労働問題とその現状―労働条件として―」（手島弘平著）『水産経済研究』第18号 1973.3 ・「漁村の変容と漁民の対応（1）」（大津昭一郎・酒井俊二共著）『水産経済研究』第16号 ・「漁村の変容と漁民の対応（2）」（大津昭一郎・酒井俊二共著）『水産経済研究』第20号
1974	S49	・日韓大陸棚協定調印 ・船舶職員法、動力5トン未満船に全面適用 ・原子力船「むつ」、漁民の反対を押しのけ強行出港 ・漁業経営安定のため、540億円緊急融資を閣議決定	・漁船における船内食料消費動向調査 ・漁船乗組員の健康を考える（水産庁） ・「日本のあまの生態について（II）―あまの年齢と収獲量について―」（岩崎繁野）『労働の科学』 ・造水機による飲用水が人体に与える影響調査研究報告（水産庁） ・「寒冷漁場における労働科学的調査＜沖合底曳網漁船＞」（大橋信夫・服部昭）海上労研	・「漁村の変容と漁民の対応（3）」（大津昭一郎・酒井俊二共著）『水産経済研究』第22号 1974.3
1975	S50	・「外国人漁業の規制に関する法律改正」（韓国船マグロなどの輸入方法の規制など）公布 ・アイスランド、漁業専管水域を50カイリから200カイリへ拡張宣言 ・メキシコ、200カイリ宣言 ・EC委員会、加盟国の漁業専管水域を200カイリとするよう勧告	・寒冷漁場における労働科学的研究、沖合底曳網漁船の労働実態に関する乗船調査実施（オホーツク海）（服部昭・大橋信夫） ・寒冷漁場における労働科学的研究、母船式底曳網漁業の独航船の労働実態に関する乗船調査実施（北洋、東丸、南丸、西丸、北丸）（服部昭） ・造水機による飲用水が人体に与える影響調査研究報告（水産庁） ・「海―海女―民具」（岩崎繁野著）『産業と保険』 ・「九州の離島の生活と労働」（岩崎繁野）『労働科学』 ・「日本のあまの生態について（III）―海女の出産について―」（岩崎繁野著『労働科学』 ・「日本のあまの生態について（IV）―あまの作業について―」（岩崎繁野）『労働科学』 ・「日本のあまの生態について（V）―潜水にともなう障害と一般疾病および栄養の摂取状況について―」（岩	・「広島県下・瀬戸内海未解放部落漁夫の鮮海出漁」（三輪千年著）『漁業経済研究』第21巻第2号 1975.3 ・「離島における漁家生活の実態について」（岩崎繁野著）『西日本漁業経済学会誌・地域漁業研究』第16号 1975 ・「漁村の変容と漁民の対応」（大津昭一郎・酒井俊二共著）『水産経済研究』第23号 1975.1

			崎繁野）『労働科学』 ・「寒冷漁場における労働科学的調査」（服部昭・大橋信夫）海上労研	
1976	S51	・「漁業再建整備特別措置法」公布、即日施行 ・捕鯨、マグロ漁船員離職者の職業転換給付制度を閣議決定 ・イワシ類の漁獲量、100万㌧にのる	・漁業労働災害の原因究明に関する研究（沖合底曳網漁船における事例蒐集）（服部昭） ・漁業就労者の高齢化とその生理機能に及ぼす影響に関する研究（水産庁）（服部昭ほか） ・「漁業労働に関する調査報告（その1）—昭和20年代の定置網漁業労働調査—」（服部昭）『労働科学』 ・福岡市沿岸漁業等資源調査（「論文集」）（岩崎繁野） ・博多湾漁の婦人労働（西日本水産研究会）（岩崎繁野） ・「寒冷漁場における労働科学的調査」（大橋信夫・服部昭）『海上労研』	・漁業の労働力構造に関する研究（高知県室戸・室戸岬地区・東京大学農学部農政経済教室・坂本楠彦編）（服部昭・三輪千年） ・「漁業のおける婦人労働」（岩崎繁野著）『西日本漁業経済学会15周年記念論集』 ・「冬期北転船漁業の労働実態」（服部昭）『漁業経済研究』第22巻第2号 ・「焼津におけるカツオ漁船乗組員の労働意欲について」（池松政人著）『漁業経済研究』第23巻第1号 1976.12 ・「漁村の変容と漁民の対応」（大津昭一郎・酒井俊二共著）『水産経済研究』第26号 1976.9
1977	S52	・米ソ両国、200カイリ漁業専管水域を実施 ・ソ連、日ソ漁業条約（56年12月発効）の廃棄を通告（1年後失効） ・魚価急騰問題起こる。東京都、水産庁など、冷蔵庫への立ち入り調査 ・「漁業水域に関する暫定措置法」（200カイリ漁業水域設置）及び「領海法」（3カイリから12カイリに拡大）公布（7月1日施行） ・第29回国際捕鯨委員会、日本の捕獲枠半減を決定 ・「国際協定の締結等に伴う漁業離職者に関する臨時措置法」（2年間の時限法、のち83年6月30日まで延長）公布	・漁業労働災害の原因究明に関する研究（沖合底曳網漁船における事例収集）（服部昭・大橋信夫） ・遠洋漁船乗組員の就労実態およびライフサイクルに関する研究（沖合底曳網漁業：兵庫県香住、遠洋底曳網漁業：宮城県塩釜・石巻、以西底曳網漁業：福岡について、面接および質問紙調査）（服部昭・大橋信夫）	・「漁村の変容と漁民の対応」（大津昭一郎・酒井俊二共著）『水産経済研究』第27号 1977.3
1978	S53	・パプアニューギニア及びニュージーランド、200カイリ宣言	・遠洋漁船乗組員の就労実態およびライフサイクルに関する調査実施（宮城県雄勝町、三重県浜島町、高知県室戸岬町で面接および質問紙調査）（服部昭・大橋信夫）	・「東北型漁業労働力構造の現段階的考察」（廣吉勝治著）『漁業経済研究』第24巻第1号 1978.4 ・「室戸地域マグロ漁業労働力構造の概括的考察」（八木庸夫著）『漁業経済研究』第24巻第1号 1978.4
1979	S54	・国際捕鯨委員会第31回年次会議は、ミンクを除くすべての鯨類の母船式捕鯨禁止を採択 ・フィリピン政府、200カイ	・若手漁業就業者の動向に関する面接調査実施（岩手県山田町、石川県内浦、能都町、島根県浜田市）（服部昭・大橋信夫）	

		リ宣言 ・オーストラリア政府、200カイリ宣言 ・イワシ類の漁獲量、200万㌧台にのる（逆にスケトウダラは一時の300万㌧から150万㌧に減少）	・漁船員の腰痛に関する質問紙調査（三崎港、CMIなど）（服部昭）	
1980	S55	・インドネシア政府、200カイリ宣言 ・「船舶のトン数の測度に関する法律」公布（82年7月18日施行） ・タイ政府、200カイリ宣言 ・米国、下院で水域内の外国漁船締め出しをねらった「ブロー法案」可決	・漁船における作業構造と消費エネルギーの実態に関する乗船調査実施（カツオ一本釣漁船）（服部昭・青木修次） ・漁船員の腰痛に関する実態調査（三崎港、レントゲン、生化学的検査、問診など）（服部昭ほか） ・漁船海難遺族の生活実態調査実施（海難遺族世帯の多い宮城県唐桑町で、面接および質問紙調査・漁船海難遺族育英会）（服部昭）	・「漁業技術史に関する一考察」（谷村民生著）『西日本漁業経済学会誌・地域漁業研究』第20号 1980
1981	S56	・水産庁、カツオ釣り漁業から海外卷網漁業への転換方針を発表 ・モーリタリアとの入漁協定調印。トロール船13隻、氷蔵船7隻、15年ぶりに10日から操業開始 ・パラオとの民間漁業協定調印 ・水産庁、中央漁業調整審議会で「イカ流し網漁業の取扱いに関する基本方針」（大臣承認制へ移行）の了解を得る ・水産庁、第3次海洋水産資源開発方針を公表	・漁船海難遺族の生活実態調査実施（海難遺族世帯の多いY県H市で、面接および質問紙調査・漁船海難遺族育英会）（服部昭） ・漁船員の腰痛予防に関する実験的調査研究（外川町、旋網漁船員）（服部昭ほか） ・漁船海難遺族の生活実態調査実施（海難遺族世帯の多い山口県萩市で、面接および質問紙調査・漁船海難遺族育英会）（服部昭） ・「漁船における作業構造とエネルギー消費に関する調査研究」（服部昭ほか）海上労研	・「漁業就業者の動向」（服部昭著）『日本漁業の構造』（財）農林統計協会
1982	S57	・南極海洋生物資源保存条約発効（オキアミなどが国際管理下に入る） ・第3次国連海洋法会議、海洋法条約草案を採択（日本は賛成、米国は反対、ソ連は棄権） ・水産庁・漁業管理制度研究会、「栽培漁業の現状と課題」をまとめる ・IWC、商業捕鯨全面禁止を決定。実施は3年後から。 ・指定漁業における5年許可6業種の一斉更新実施 ・新日米漁業協定調印 ・「特定漁業再編推進事業」（82年1月14日、次官通達）適用の最初の自主減船として、遠洋マグロ延縄漁業の2割（164隻）減船が81、82年度に実施された	・漁船海難遺族の生活実態調査実施（海難遺族世帯の多い青森県小泊村及び秋田県西目町で、面接および質問紙調査・漁船海難遺族育英会）（服部昭）	

1983	S58	・日本、海洋法条約に署名、119番目の署名国となる ・米国、200カイリ経済水域を宣言 ・ニュージーランド政府、新漁業政策に基づき、84年10月1日より外国漁船の締め出し開始を決定 ・水産庁、「捕鯨問題検討会」を発足 ・水産庁、「サケ・マス違反操業の処分について」を発表	・漁船員の海中転落の原因に関する研究（服部昭・大橋信夫） ・海中転落経験者への面接調査実施（宮城県気仙沼町）（服部昭・大橋信夫） ・海中転落経験者への面接調査実施（マグロ延縄漁業、高知県奈半利、室戸岬町）（服部昭・大橋信夫） ・漁船員の腰痛予防に関する実験的調査研究（予防体操など提案）（服部昭ほか） ・漁船海難遺族の生活実態調査実施（海難遺族世帯の多い宮崎県南郷町及び鹿児島県枕崎市で、面接および質問紙調査）（服部昭） ・小型漁船における操業実態（服部昭） ・漁業労働力等実態調査（服部昭）	・「沿岸漁村の生活問題」（柿本典昭著）『西日本漁業経済学会誌・地域漁業研究』第24号 1984
1984	S59	・ソ連、200カイリ経済水域を定めた最高会議幹部会令を実施 ・FAO世界漁業開発会議開催（ローマ） ・日豪漁業協定調印（11.1発効） ・日米捕鯨協議、4年後の抹香鯨禁漁で合意 ・日ソ、日ソ漁業暫定協定を統合した日ソ地先沖合漁業協定調印（12.14発効）	・海中転落経験者への面接調査実施（遠洋マグロ延縄漁業、静岡県焼津市）（服部昭・大橋信夫） ・海中転落経験者への面接調査実施（沖合底曳網漁業、兵庫県香住、青森県八戸、富山県新湊）（服部昭・大橋信夫） ・漁船海難遺族の生活実態調査実施（海難遺族世帯の多い長崎県奈良尾町・上五島町・奈留町で、面接および質問紙調査・漁船海難遺族育英会）（服部昭） ・「漁船員の海中転落事故の発生要因に関する調査研究」（服部昭ほか）『海上労研』	
1985	S60	・日米の捕鯨に関する取り決め合意（商業捕鯨全面禁止関係） ・日本、グリーンランド民間漁業協定調印（日本トロール底魚協会とグリーンランド・トロール公社）	・沖合底びき網漁業について（服部昭） ・「漁船員の海中転落事故の発生要因に関する調査研究」（服部昭・三輪千年）海上労研	
1986	S61	・第8回日米サケ・マス協議実質合意（母船式漁業のベーリング公海での操業を94年までに段階的に禁漁とし、中型流し網漁業の操業区域の東限を西側に1度縮小し、東経174度までとする） ・日米加漁業委員会、公海におけるサケ・マス漁業の規制を決定	・海中転落経験者への面接調査実施（旋網漁業、島根県三保関、鳥取県境港市（三輪千年・大橋信夫）、長崎県奈良尾町（大橋信夫）、宮城県石巻市（服部昭）） ・中小漁業経営者の労働力需要動向に関する現地調査実施（長崎県：旋網漁業・	

		・政府、北洋漁業救済で閣僚会議を設置、北洋漁業緊急対策本部設置（事務局を水産庁漁政課におく） ・母船式底曳網等漁業の独航船許可隻数を前年の半分65隻に決定 ・北海道水産会など7団体、日ソ事業協議会を設置（洋上買付事業の方針を決定）	以西底曳網漁業、神奈川県：遠洋マグロ漁業）（三輪千年・服部昭） ・沿岸漁業就業者構造改善などに関する現地調査実施（山形県酒田市、新潟県山北町）（服部昭） ・旋網漁業について ・小型漁船における操業態様の変化に関する予備的調査研究（三輪千年）	
1987	S62	・日米スケトウダラJ.V.米漁船から洋上買付を開始、計画量81万㌧ ・ソ連水域でのスケトウダラ買付6万5,000㌧ ・北転船5隻、米国水域でスケトウダラJ.V.事業を開始 ・日米水産物貿易協議（ニシン、スケトウダラら輸入枠拡大で大筋合意） ・53年間にわたる南極捕鯨が閉幕 ・第39回IWC、日本が調査捕鯨を提案し、IWCは日本に中止を勧告 ・アイスランド、調査捕鯨を再開、米国と妥協成立 ・農林水産省、南氷洋の鯨類捕獲調査を許可 ・日本共同捕鯨（株）解散（用船事業で新会社「共同船舶」の設立準備）	・海外出漁大型イカ釣漁船の労働と生活の実態に関する乗船調査実施（ニュージーランド周辺海域）（三輪千年） ・中小漁業経営者の労働力需要の動向に関する現地調査実施（茨城県：サンマ棒受網漁業、サケ・マス流網漁業）（三輪千年） ・海外出漁大型イカ釣漁船における労働環境の調査（質問紙調査および面接調査）（三輪千年） ・沿岸漁業就業構造改善などに関する現地調査（千葉県船橋市）（三輪千年） ・漁船海難遺族の生活実態調査実施（海難遺族の多い北海道岩内町で、面接および質問紙調査・漁船海難遺族育英会）（服部昭・三輪千年）	・「明石市周辺漁家の生活実態と普及活動」（谷本留美著）『西日本漁業経済学会誌・地域漁業研究』第28号 1987 ・「丹馬の漁業と漁民」（柿本典昭著）『西日本漁業経済学会誌・地域漁業研究』第28号 1987
1988	S63	・米国、88年当初の対日漁獲割当量を0とすることを通報	・海外出漁イカ釣漁船における労働環境の調査（質問紙、面接、および乗船調査結果のまとめ）（三輪千年） ・中小漁業経営者の労働力需要の動向に関する現地調査実施（広島県：カキ養殖漁業、愛媛県：魚類養殖漁業）（三輪千年・服部昭） ・漁業労働安全指導強化事業の一環として、沿岸漁業労働の災害実態に関する調査（愛媛県：南宇和市、三重県鳥羽市）（三輪千年） ・漁船海難遺族の生活実態調査実施（海難遺族世帯の多い高知県室戸・室戸岬町で、面接および質問紙調査）（服部昭・三輪千年）	・「小型イカ釣漁船における一人操業と労働災害」（三輪千年）『漁業経済研究』第32巻第4号
1989	H1	・欧州共同体委員会（EC）本年のポルトガル水域での日本漁船に対するマグロ漁獲割当半減を決定 ・イカ流し網取締りに関す	・外航および漁船離職船員の雇用動向と職域開発に関する調査研究（緊急雇用対策により離職した外航船員について）（三輪千年ほか）	・「大型イカ釣漁船における船内労働過程について」（三輪千年著）『西日本漁業経済論集』第30巻 ・「出稼ぎ漁村における漁

		・る日米加三国会議開催 ・第3回日韓台3国、北太平洋イカ流し網協議（共同宣言で米国の不当要求に反対） ・日米加、サケ・マス、イカ流し網漁業協議、日本の公海流し網漁船に米国、カナダのオブザーバーが乗船すること等で合意 ・南太平洋フォーラム首脳会議、南太平洋における流し網漁業の即時中止要求を決議（タラワ宣言） ・カジキ等流し網漁業の取締りに関する省令の一部改正（大目流し網漁業を届け出制に） ・水産庁、南太平洋大目流し網漁船の出漁隻数を削減する自主規制措置（60隻を20隻に削減）を発表 ・日・豪・NZ 3ヵ国漁業交渉開催、ミナミマグロの漁獲量24%削減で合意 ・国連総会議、大規模流し網漁業に関する国連決議を全会一致で採択	・漁船船員の労働実態調査（11漁種、500隻、6,600人に対して質問紙調査実施）（三輪千年・服部昭） ・漁船労働安全指導強化事業の一環として、沿岸漁業労働の災害実態に関する調査（石川県西海町、高浜町）（三輪千年） ・漁船海難遺族の生活実態調査実施（海難遺族世帯の多い宮城県塩竈・石巻・女川地区、面接および質問紙調査）（服部昭・三輪千年）	家の就業構造」（長谷川健二著）『北日本漁業』第19号 1989.11 ・「漁労集団に関する社会学的研究―漁村研究の系譜を踏まえて―」（若林良和著）『西日本漁業経済学会誌・地域漁業研究』第29号 1989
1990	H2	・ベニズワイガニ漁業の一部を大臣承認制へ移行 ・海外漁業船員労使協議会発足（外国人船員受入れの円滑化を協議、11団体参加） ・運輸省、船員法施行規則一部改正（外国人船員の日本漁船混乗を可能にする）我が国漁船による南太平洋での流し網漁業を90.11-91.3の漁期から停止することを南太平洋の13ヵ国に通知	・漁船船員の労働実態調査（前年度の質問紙調査の分析および八戸市で4漁種について面接調査実施）（三輪千年・服部昭） ・外航および漁船離職船員の雇用動向と職域開発に関する調査研究（キャリアーディベロップメントについて）（篠原陽一・三輪千年ほか）	・「船凍イカ釣漁船の船内労働過程」（三輪千年）『漁業経済研究』第34巻第4号 ・「八戸におけるイカ漁業生産の展開過程」（服部昭著）『北日本漁業』第20巻 ・「船凍イカ釣漁船の船内生活」（三輪千年）『北日本漁業』第20号
1991	H3	・日ソ、ソ日漁業暫定協定を統合した日ソ地先沖合漁業協定調印（12.14発効）三角水域民間（道水産会とチンロ）共同資源調査調印 ・北太平洋さけ・ます新条約に関する日米加ソ4ヵ国会議開催、対象水域を公海に限定してさけ・ます漁業を禁止する等の枠組みに合意 ・水産庁、ハイテク漁業調査船開洋丸（2,640㌧）竣工 ・第10回南極海洋生物資源保存委員会年次会議、餌生物の保護という観点から、南極オキアミの漁獲量制限を導入 ・全国イカ流し網漁業協会、	・漁業離職船員の雇用動向と職域開発に関する調査研究（中村史也・三輪千年・服部昭） ・漁船海難遺族の生活実態調査実施（海難遺族世帯の多い愛知県一色町・南知多町で、面接および質問紙調査）（服部昭・三輪千年）	・「漁業生産過程からみた労働力の国際化」（三輪千年著）『漁業経済研究』第35巻第2・3合併号 ・「まき網漁業の技術発達」（三輪千年）『北部まき網30年史』 ・「国際化に伴う中小漁業経営の課題」（服部昭著）『漁業経済研究』第35巻第2・3合併号 ・「船凍イカ釣漁船の船内労働過程」（三輪千年）『イカ―その生物から消費まで―』成山堂書店 ・「雇われ漁業就業者」（服部昭）『日本漁業の構造分析―第8次漁業センサ

		公海流し網漁業・関連産業危機突破大会 ・第46回国連総会において、公海大規模流し網漁業を92年12月末までにモラトリアムとすること等を決議		ス―」(財)農林統計協会 ・「漁業種類と漁船乗組員」(三輪千年)『日本漁業の構造分析―第8次漁業センサス―』(財)農林統計協会 ・「沿岸漁船漁業の労働過程に関する一考察」(佐久間美明著)『漁業経済研究』第36巻第2号 1991.12
1992	H4	・北太平洋さけます新条約に日、米、加、ロシア4ヵ国が署名 ・北太平洋海洋科学機関(PICES)発足(北太平洋の公海漁業に関する条約が失効したことに伴う措置) ・責任ある漁業に関する国際会議(メキシコ.カンクン)、世界66ヶ国代表参加、宣言を採択 ・国連環境開発会議(UNCDE)開催、公海漁業資源問題に関する国連主催の政府間会議を開催すること等を盛り込んだ「アジェンダ21」(リオ宣言)等採択 ・第5回ベーリング公海漁業関係国会議開催、93-94年の2年間の期限を設け、各国が自主的に操業を停止すること等を合意 ・ICATT第8回特別会議、非加盟国対策として、クロマグロの漁獲・貿易統計証明の導入を決定	・資源管理型漁業指導普及事業先進事例調査実施(山口県須佐漁協)(三輪千年ほか)	・「漁業労働力の構造変化」(三輪千年)『日本漁業の経済分析―縮小と再編の論理―』(財)農林統計協会
1993	H5	・北太平洋朔河性魚類委員会(NPAFC)設置 ・マグロ延縄漁業国会議、資源保存、操業秩序確立などの共同声明 ・分布範囲が排他的経済水域内外に存在する魚類資源(ストラドリング・ストック)及び高度回遊性魚種に関する国連会議第1回会合開催 ・日・豪・NZ3ヵ国のミナミマグロの保存のための条約調印(94.5.20発効)		・「都市型漁業における漁業就業形態」(三輪千年)『漁業経済研究』第38巻第2号 1993.12 ・「漁村労働力の存在形態に関する諸問題」(秋山博一著)『漁業経済研究』第38巻第2号 1993.12 ・「漁民層分解と就業構造」(長谷川健二著)『漁業経済研究』第38巻第2号 1993.12 ・「アマ漁業における女性就業」(三木奈都子著)『漁業経済研究』第38巻第3号 1993.12
1994	H6	・第46回IWC南氷洋鯨類サンクチュアリー提案を採択(8.12ミンク鯨への適用について異議申し立て) ・第1回ミナミマグロ保存委員会開催、95/96年漁期の国別割当決定	・漁業労働力確保改善調査(中村史也・三輪千年)	

		・中央ベーリング海におけるスケトウダラ資源の保存及び管理に関する条約に署名 ・承認漁業の取締りに関する省令公布（規制水域における第1種イカ釣り漁業は大臣承認制に、その他は第2種イカ釣り漁業として届け出制とする）（施行 95.3.31） ・国連海洋法条約発効（60番目ガイアナの批准による） ・海外漁業船員労使会議、外国人漁船員の40％混乗に基本合意		
1995	H7	・漁船員の訓練及び資格証明並びに当直の基準に関する国際条約（漁船STCW条約）採択 ・ストラドリング・ストック及び高度回遊性魚種に関する国連会議第5回会合、国連公海漁業協定を採択 ・全漁連、200カイリ排他的経済水域の全面設定を要望 ・全国アカイカ漁業協会発足（全国イカ流し網漁業協会の後継任意団体） ・ベーリング公海漁業条約署名国会議（12.8発効） ・全国まき網漁業協会、200カイリ排他的経済水域の完全実施を陳情	・漁船海難遺族の生活実態調査実施（海難遺族世帯の多い岩手県種市地区で、面接および質問紙調査）（服部昭・三輪千年） ・沿岸優良漁業経営条件調査委託事業（島根県島根半島西部地域）（三輪千年ほか） ・漁業就労の現状と漁業労働力の移動に関する文献収集と現地予備調査（中村史也・三輪千年） ・漁船海難遺族の生活実態調査実施（海難遺族世帯の多い岩手県種市地区で、面接および質問紙調査）（服部昭・三輪千年）	
1996	H8	・全日本さけ・ます漁業協会発足（全鮭連、日鮭連、道鮭連が対ロ民間交渉窓口一本化） ・国連持続可能開発委員会第4回会合開催（漁獲削減目標の設定、その他漁業規制問題のFAOへの付託等に関する討議） ・マグロ資源の保存及び管理の強化に関する特別措置法公布 ・全国いか流し網漁業協会解散 ・国連海洋法条約が我が国について発効、関係法施行（6.7第137回国会において、国連海洋法条約、締結承認）（新海洋秩序の成立） ・排他的経済水域及び大陸棚に関する法律施行 ・排他的経済水域における漁業等に関する主権的権利の行使に関する法律施行 ・海洋水産資源の保存及び管理に関する法律施行	・漁業就労の現状と漁業労働力の移動に関する質問紙調査（中村史也・三輪千年） ・沿岸優良漁業経営条件調査委託事業（長崎県生壱岐地域）（三輪千年） ・漁業機械化促進事業－水産用機器型式等認定基準策定事業－（三輪千年） ・漁船海難遺族の生活実態調査実施（海難遺族世帯の多い宮城県気仙沼市で、面接および質問紙調査）（服部昭・三輪千年）	・「八戸地区における漁業労働」（佐久間美明著）『北日本漁業』第24号 1996.9

		・大日本水産会と全日本海員組合、漁船マルシップ制度の導入について基本協定締結 ・海洋生物資源の保護管理に関する法律施行令の一部改正、97年以降の漁獲可能量制度の対象魚種（6魚種）を指定 ・マグロ類資源の保存及び管理の強化を図るための基本方針公表 ・FAO世界食料サミット開催 ・第1回中央ベーリング海におけるスケトウダラ資源の保存及び管理に関する条約年次会議、97年におけるすけとうだらの漁獲可能水準を0にすること等を決定 ・ストラドリング・ストック及び高度回遊性魚類資源の保存及び管理に関する82.12.10の海洋法に関する国際連合条約の規定の実施のための協定に調印		
1997	H9	・総漁獲可能量（TAC）制度運用開始 ・ロシアタンカー「ナホトカ号」隠岐島沖で沈没、重油大量流出、福井、石川等の海岸各地に漂着 ・全国まき網漁業協会、TAC自主管理のマアジ、マイワシ、マサバ、ゴマサバに関する協定とTAC実施による減船計画を決定 ・全国さんま棒受網漁業協同組合、TAC自主管理のサンマ漁業漁獲協定締結 ・水産庁、水産基本政策検討会設置（200カイリ時代の基本政策を討議、9.28第1回会合） ・水産庁組織改組 ・TAC制度対象にスルメイカを追加（98年以降）	・遠洋底びき網とイカ流網の離職船員について ・漁業機械化促進事業─水産用機器型式等認定基準策定事業─（漁業用作業機機械）（三輪千年） ・漁船海難遺族の生活実態調査実施（海難遺族世帯の多い長崎県長崎市及び伊王市で、面接および質問紙調査）（服部昭・三輪千年） ・混乗漁船員の就労実態調査	・「漁業労働災害と操業の態様」（三輪千年ほか）『地域漁業研究』第37巻第3号 ・「家族経営漁家における性別分業と女性労働」（三木奈都子著）『漁業経済研究』第42巻第3号 1997.12
1998	H10	・水産庁漁業調査船「照洋丸」竣工 ・漁船へのマルシップ方式導入開始 ・ロンドン条約第20回締約国協議会議開催（ロンドン）1996年議定書の発効に向けた投棄廃棄物等の評価ガイドライン等に関する検討等	・混乗漁船員の就労実態に関する面接調査、神奈川県三崎港（中村史也・大橋信夫） ・漁船海難遺族の生活実態調査実施（海難遺族世帯の多い北海道釧路市、白糠町、根室市、釧路市、及び厚岸町で、面接および質問紙調査）（服部昭・三輪千年） ・「混乗漁船員の就労実態調査」面接調査（中村史也・大橋信夫）海上労研	・「戦後イカ釣漁業技術の変遷過程」（三輪千年）『漁業経済研究』第43巻第1号 ・「ホタテ養殖漁家労働力の就業構造─猿払漁家実態調査報告─」（橋本重子著）『北日本漁業』第26号 1998.5 ・「漁家の作業選択と労働配分の特性─冬島漁協地区のコンブ漁業を事例として─」（東村令子著）『北日本漁業』第26号 1998.5

				・「農漁民の人権と漁業権」（田平紀男著）『西日本漁業経済学会誌・地域漁業研究』第38巻第2号 1998 ・「漁村地域における生活文化と女性」（若林良和著）『西日本漁業経済学会誌・地域漁業研究』第39巻第1号 1998 ・「愛媛の漁村地域における女性と福祉」（曲田志保子著）『西日本漁業経済学会誌・地域漁業研究』第39巻第1号 1998 ・「移動分散型社会における漁民の集合原理に関する考察」（北窓時男著）『西日本漁業経済学会誌・地域漁業研究』第39巻第1号 1998 ・「漁村地域における生活文化と女性」（若林良和著）『西日本漁業経済学会誌・地域漁業研究』第39巻第1号 1998 ・「愛媛の漁村地域における女性と福祉」（曲田志保子著）『西日本漁業経済学会誌・地域漁業研究』第39巻第1号 1998 ・「移動分散型社会における漁民の集合原理に関する考察」（北窓時男著）『西日本漁業経済学会誌・地域漁業研究』第39巻第1号 1998
1999	H11	・国際海洋法裁判所暫定措置判決（我が国のミナミマグロ調査漁獲についての暫定措置命令） ・WTO第3回閣僚会議（シアトル） ・水産基本政策大綱及び水産基本政策改革プログラムの決定	・漁船海難遺族の生活実態調査実施（海難遺族世帯の多い島根県西郷町及び山口県萩市、下関市で、面接および質問紙調査）（服部昭・三輪千年）	
2000	H12	・大西洋延縄等漁業及び太平洋底刺し網漁業を大臣承認漁業に追加 ・保存及び管理のための国際的な措置の公海上の漁船による遵守を促進するための協定（FAOフラッギング協定）の受諾 ・マグロ資源の保存及び管理の強化を目的とした「（社）責任あるマグロ漁業推進機構」設立	・漁船海難遺族の生活実態調査実施（海難遺族世帯の多い長崎県生月町で、面接および質問紙調査）（服部昭・三輪千年）	・『現代漁業労働論』（三輪千年）成山堂書店 ・「沿岸漁業における労働災害と海難事故の実態と「安全管理」」（三輪千年・見上隆克・待場純・川崎潤二共著）『北日本漁業』第28号 2000.4 ・「垂下式養殖業における海上作業の特性と省力化技術の適用―北海道南部のホタテ及びコンブ養殖業を事例に―」（山下成治・濱田武士共著）『北日本漁業』第28号 2000.4

2001	H13	・水産基本法公布・施行 漁業法等の一部を改正する 法律公布（2001.12.1施行、2001.10.1一部施行） ・海洋生物資源の保存及び 管理に関する法律の一部を 改正する法律公布（2001.11.1 施行）	・旋網漁業における作業リスクと熟練度に関する調査 ・若者の職業としての漁業に関する意識調査	・「大型イカ釣漁業に見る 漁業技術の特質と評価」（三輪千年）『漁業経済研究』第46巻第2号 ・「第10次センサスに見る 漁業就業者の特徴」（井元康裕著）『北日本漁業』第29号 2001.4
2002	H14	・資源回復計画の実施 ・WTO新ラウンド交渉 ・指定漁業許可の一斉更新	・底曳網漁業における作業リスクと熟練度の関する調査 ・若者の職業としての漁業に関する意識調査	・「漁船業における安全対策の現状と課題」（鳥居享司著）『北日本漁業』第30号 2002.4
2003	H15	・COP10生物多様性条約・第10回締約国会議 ・第32回FAO総会でIUU（違法・無報告・無規制）漁業撲滅に向けた決議採択	・「船内作業における作業リスクと熟練度に関する調査研究―沖合底びき網漁業を例にして―」（久宗周二）海上労研	・「一本釣漁民の漁労活動―大阪府泉南郡岬町谷川地区の事例より―」（増崎勝敏・若林良和共著）『西日本漁業経済学会誌・地域漁業研究』第43号第2号 2003
2004	H16	・中西部太平洋まぐろ類条約発効	・漁獲物の仕分け作業の身体的負荷に関する調査	
2005	H17	・水産政策審議会が栽培漁業基本方針を承認 ・WCPFC（中西部太平洋まぐろ類条約）に加盟 ・FAO水産委員会において「水産エコラベルガイドライン」採択 ・サンマ豊漁による異例の早期終了		・「沿岸・沖合漁業における労働力の国際化」（三輪千年）『漁業経済研究』第50巻第2号 2005.10 ・「水産加工業における労働の実態と課題―千葉県銚子市の中国研修技能実習生を中心に―」（三木奈都子著）『漁業経済研究』第50巻第2号 2005.10 ・「『研修制度』と外国人労働力問題―中国山東省威海市の水産加工研修生を対象に―」（常清秀著）『漁業経済研究』第50巻第2号 2005.10
2006	H18	・日かつ連解散、「日本かつお・まぐろ漁業協同株式会社」（日かつ協同）の設立 ・外国人船舶職員の配乗がマルシップ漁船を対象に実現		
2007	H19	・「漁船漁業改革推進プロジェクト」開始 ・マルハとニチロが経営統合		
2008	H20	・海洋基本計画の策定 ・燃油高騰による漁業者の一斉休業		・「新規就業者対策の方向性の検討」（大谷誠著）『北日本漁業』第36号 2008.3
2009	H21	・農水大臣がマグロ延縄国際減船の実施計画を承認		
2010	H22	・COP10生物多様性条約・第10回締約国会議が「愛知目標」を採択		・「沿岸漁家の再生産に関する条件―長崎県勝本町地域を事例として―」（大谷誠著）『北日本漁業』第38号 2010.3

2011	H23	・「資源管理・収支安定対策」開始 ・「東日本大震災復興の基本方針および組織に関する法律案」（復興基本法）公布・施行		・「Necessity of Development Human Resources Coastal Fisheries and the Present Situation and Problems of Project to Develop Human Resources」（Sasaki Takafumi and Miyazawa Haruhiko共著）『北日本漁業』第39号 11.3
2012	H24	・「資源管理・収入安定対策」開始 ・「南インド洋漁業協定」発効 ・「南太平洋公海資源保存管理条約」発効 「北太平洋公海漁業条約」署名		・「Characteristics of the Systematic Training of the Fishermen in Miyazaki Prefecture Japan: From a Comparison between a Fisheries Training center and a Marine High School」（Sasaki Takafumi and Miyazawa Haruhiko共著）『北日本漁業』第40号 2012.3
2014	H26	・「内水面漁業の振興に関する法律」成立 ・オランダ・ハーグの国際司法裁判所で第2期南極鯨類捕獲調査に対する許可を差し控えるよう命じた判決を下す ・水産庁が資源の管理のあり方検討会を開催し太平洋マサバでIQ方式を試験的に実施		・「日本漁業における高齢者の生産力と役割」（工藤貴史著）『漁業経済研究』第58巻第1号　2014.1 ・「高齢漁業者の就業継続とその社会的利益・社会的費用」（山下東子著）『漁業経済研究』第58巻第1号 2014.1 ・「高齢自営漁業者の存在形態の今日的特徴」（大谷誠著）『漁業経済研究』第58巻第1号　2014.1 ・「就業者の推移からみた自営漁業の生産力の将来見通しと政策課題」（山内昌和著）『漁業経済研究』第58巻第1号　2014.1 ・「大会後記　高齢漁業者の実像と10年後の漁村」（堀口健治著）『漁業経済研究』第58巻第1号 2014.1
2015	H27	・「北太平洋漁業資源保存・条約」発効 国連で「持続可能な開発目標（SDGｓ）」合意 ・ロシア200カイリで流網漁業を禁止する法案成立 ・TPP（環太平洋経済連携協定）大筋合意		・「漁業・漁村における女性」（三木奈都子著）『漁業経済研究』第59巻第2号 2015.7 ・「地域労働市場と漁村女性の就業構造」（長谷川健二・今川恵共著）『漁業経済研究』第59巻第2号 2015.7 ・「漁業・漁村における女性」（三木奈都子著）『漁業経済研究』第59巻第2号 2015.7 ・「海士の今日的存在形態と沿岸漁家経営における位置づけ」（常清秀著）『漁業

174

				・経済研究』第59巻第2号 2015.7 ・「漁業の陸上作業労働における女性従事の特徴と変化」（副島久実著）『漁業経済研究』第59巻第2号 2015.7 ・「起業としての地域活動を考える：漁村女性における高齢者支援活動の課題と展望」（関いずみ著）『漁業経済研究』第59巻第2号 2015.7 ・「大会後記：漁業・漁村における女性」（栗原修・工藤貴史共著）『漁業経済研究』第59巻第2号 2015.7
2017	H29			・「漁船漁業に従事する外国人技能実習生の重みとその特徴—熟練獲得からみた技能実習生の位置づけ—」（三輪千年・佐々木貴文・堀口健治共著）『漁業経済研究』第61巻第2号 2017.7
2020	R2			・「水産業における労働力構造の変化—特定技能制度導入の背景で起きていることとは—」（佐々木貴文著）『漁業経済研究』第63巻第2号 2020.1
2021	R3			・「漁村の維持・再生と女性の取り組み」（三木奈都子著）『漁業経済研究』第64巻第2号 2021.1
2022	R4			・「漁業センサスからみた漁業・水産加工業における外国人就業の実態とその推移」（佐々木貴文著）『漁業経済研究』第66巻第1号 2022

参考資料：
①「海上労働科学研究／年表」『労働の科学』67巻5・6号 2012年
②「漁業調査と暉峻先生」『暉峻義等博士と労働科学』岩崎繁野著　労研　1967年
③「解説 日本近代漁業年表（戦後編）松本巌著　水産社　1980年5月1日発行
④「中央政府の政策を中心とする戦後漁業史年表」『戦後日本の食料・農業・農村 戦後改革・経済復興期II』農林統計協会　2014年6月20日
⑤「故岩崎繁野女史と漁業労働」：服部昭『漁業経済研究』第23巻第3・4号　1977年10月
⑥「海上労働に関する労働科学的、人間工学的研究の歴史と現状」：大橋信夫ほか『人間工学』2009年
⑦『漁業経済研究』（漁業経済学会・学会誌）第1巻第1号〜最近号まで
⑧『北日本漁業』（北日本漁業経済学会・学会誌）第1巻〜最近号まで
⑨『西日本漁業経済学会誌・地域漁業研究』（西日本漁業経済学会・地域漁業学会に学会誌）第1号〜最近号まで
⑩『漁船海難遺族のくらしとその環境 設立15周年記念』（財団法人漁船海難遺児育英会）昭和60（1985）年10月
⑪『漁船海難遺族生活実態調査報告』（財団法人漁船海難遺児育英会）平成17（2005）年3月
⑫『財団法人として設立された研究所が40年後に解散となるまでの経緯—海上労働科学研究所について—』大橋信夫
⑬『水産白書』及び、水産庁等が発効する研究誌『水産経済研究』を参照

あ　と　が　き

　設立直後に起きた事務所経費問題が端緒となって財務に危機的な状況が生まれ、それと共に業務も委託によるものがすべてとなって自主的な研究が実施できなくなり、西部徹一先生を含む二人の専務理事が退任することで辛うじて解散を免れた。海上労働科学という学問を切り拓き、その多くの業績を背景にして大変な努力の末に設立を実現させた西部先生が自ら身を切ることによって海上労研を救ったのであった。

　その後、海運、船員に関わる官労使から信頼されていた後任の渡邊俊道専務理事の人柄と賢明な努力よって財務状況は改善され、その在任中は活発な研究活動が展開された。しかしこの危機的な財務状況の改善策の中に実は大きな問題が潜んでいたのである。それは官労使が必要と考える調査・研究には優先的に予算がつくようになったことである。これは裏返すと官労使が必要と思わなければ予算が確保され難いということである。私がある時期の専務理事から「他の研究員に予算がつかないから次年度以降の研究計画を提出しないように」と言われたことは第一部の10に記した通りである。

　この時期に私は日本応用心理学会の学会誌である応用心理学研究（No.6,1981）に「海上労働科学研究所の状況」と題して研究所の状況とその状況を生み出している要因を説明した上で「10年前の危機は『海上労研』の危機だったが、今は、それに加えて『海上労働の研究の危機』である。このままでゆけば、海上労働の労働科学的研究はどんどん少なくなってゆくであろう」と危惧を記している。それから25年して危惧は残念ながら杞憂に終わらなかった。

　海上労研を私が辞めて32年後の2020年2月に「海で働き、海で生きる」と題して海上労研で何度も重ねた乗船調査で出会った人たちのこと、見聞きしたこと、学んだことなどそうした貴重な体験を著して、長年に亘って研究に協力して下さった現場の方々に漸く感謝することができた。

　しかしこの本を執筆している際に三つの重要なことに気づいた。

　第一は船員の労働と生活に関する研究を日本で初めて開始した西部徹一先生の

◇著者紹介（執筆分担）

大橋 信夫（おおはし のぶお） 第一部・付表1

1938年東京で生まれる

博士（心理学）、人間工学専門家（日本人間工学会認定第26号）、応用心理士（日本応用心理学会認定第133号）、日本応用心理学会名誉会員、産業・組織心理学会名誉会員、日本人間工学会名誉会員

1960年　東京商船大学（現東京海洋大学）卒業、運輸省航海訓練所運輸教官

1963年　（財）労働科学研究所特別研究生

1969年　（財）海上労働科学研究所入所

1976年　（財）海上労働科学研究所主任研究員

1988年〜2001年　長野県短期大学教授

2001年〜2008年　日本福祉大学大学院・情報社会学部教授

2012年〜2016年　松蔭大学教授

　この間、武蔵工業大学（現東京都市大学）、相模工業大学（現湘南工科大学）、東京商船大学（現東京海洋大学）、東京大学、拓殖大学、茨城大学大学院、信州大学、長野県看護大学で非常勤講師を務めたほか、（財）労働科学研究所協力研究員、客員研究員を兼務。第6回桐原賞（1976）、日本人間工学会功労賞（2010）、日本応用心理学会出版賞（2020）を受賞。

主な著書・論文

・海で働き、海で生きる、（福村出版、2020）

・混乗船について、（『異文化間の関係学の現在』星野 命編、金子書房、1992）

・Cross-cultural Frictions and Conflicts on Board、（『10th International Conference on Maritime Medicine』、Finland、1986）

・Psychological Aspect of Work Load on Board（『Handbook of Nautical Medicine』、W.H.Goethe他編、Spring-Verlag、1984）

・海上労働に関する労働科学的・人間工学的研究の歴史と現状、（『人間工学』45巻、2号、2009、共著）

・ノルウェーにおける独居高齢者への社会的支援の実態－夏季現地調査から－（産業・組織心理学、13巻、2号、2000、共著）

・労働力の国際移動と職場における文化摩擦、（『労働科学』63巻、6号、1987）

三輪 千年（みわ ちとし） 第四部・付表2

1948年大阪で生まれる

博士（水産学）、漁業経済学会代表理事（2006・2007年）

1973年　近畿大学農学部水産学科卒業

1975年　鹿児島大学大学院水産学研究科漁業学専攻修了

1975年　社団法人大日本水産会職員

1985年　財団法人海上労働科学研究所入所、主任研究員

1992年　水産大学校教養学科助教授

2003年　水産大学校水産情報経営学科教授

2005年　水産大学校水産情報経営学科学科長

2008年　水産大学校水産流通経営学科学科長
2011年　JICA課題別研修「持続可能な地域水産業の実現のための漁業者組織育成・指
　　　　導能力強化」事業等のコースリーダー（2018年まで）
2012年　水産大学校退職
　　この間、東京水産大学（現・東京海洋大学）、鹿児島大学、島根県立大学で、漁業労働論、
水産経済政策論等を講義（非常勤講師）。漁業経済学会奨励賞（1991）、漁業経済学
会学会賞（2001）を受賞。
主な著書
・『国際不安のなかの食糧貿易』齋藤高宏編（有斐閣、1983年、共著）
・『イカ－その生産から消費まで－』奈須敬二・奥谷喬司・小倉通男共編（成山堂書店、
　1991、共著）
・『日本漁業の経済構造』長谷川彰編（農林統計協会、1991、共著）
・『北部まき網30年史』大海原宏編著（北部太平洋海区まき網漁業生産調整組合、
　1991、共著）
・『石川県漁業史』加瀬和俊編著（北國新聞社出版局、1999、共著）
・『現代漁業労働論』三輪千年著（成山堂書店、2000）
・『日本の水産業を考える－復興への道－』倉田亨編著（成山堂書店、2006、共著）
・『戦後改革・経済復興期Ⅱ』編集：戦後日本の食料・農業・農村編集委員会（農林統計
　協会、2014、共著）
・『日本の労働市場開放の現状と課題－農業における外国人技能実習生の重み－』堀口
　健治編（筑波書房、2017、共著）

◇**第二部・第三部　知見提供**

村山 義夫 (むらやま よしお)
1950年寒河江市で生まれる
修士（商船学）、日本航海学会会員、日本人間工学会評議員、日本産業衛生学会会員、
安全工学会会員
　1975年　東京商船大学（現東京海洋大学）卒業
　1978年　東京商船大学（現東京海洋大学）大学院修了
　1981年　（財）海上労働科学研究所入所
　1989年　日本航海学会論文賞を受賞
　1990年　（財）海上労働科学研究所主任研究員
　2000年　日本航海学会論文賞を受賞
　2006年　（財）日本海技協会主任調査役
　2007年　（財）海技振興センター技術研究部研究員
主な論文
・ケミカルタンカーにおける作業環境と船員の有機溶剤曝露の実態（労働科学63巻9号、
　1987、共著）
・有害液体貨物の海上流出拡散挙動の解析（日本航海学会論文集81号、1989、共著）
・未然事故調査法の開発と応用（日本航海学会論文集104号、2000、共著）

（財）海上労働科学研究所の40年
―設立から解散まで―

2023 年 7 月 20 日　第 1 刷発行

編　著　大　橋　信　夫
発行者　中　村　裕　二
発行所　㈲ 川　島　書　店

（本社）〒 165-0026
東京都中野区新井 2-16-7
電話 03-3388-5065
（営業・流通センター）電話 & FAX 03-5965-2770

© 2023
Printed in Japan　　DTP 風草工房／印刷・製本 モリモト印刷株式会社

認知症の社会文化的表象

長田久雄 監修／城戸亜希子 著

近代から現代に至る日本社会において，認知症という病とそのイメージがメディアや文学作品を媒介としてどのように広まり，認識や偏見を作り出してきたのかを，老年学の視座から明らかにする。より安心して過ごすことができる社会への創造を提示する。

ISBN978-4-7610-0937-3 A5判 280頁 定価4,840円(本体4,400円＋税)

スピリチュアリティを目覚めさせる

佐藤俊一 著

社会や組織における均質化という方向性が顕著になってきている現状に対してこの本は，スピリチュアリティを目覚めさすことによって取り組もうとするもので，さまざまな苦悩や不安のなかでこそ人間が人間になることを現象学的観点から明確にする。

ISBN978-4-7610-0938-0 四六判 184頁 定価2,200円(本体2,000円＋税)

神経質を伸ばす森田療法

豊泉清浩 著

本書は、前著「森田療法に学ぶ―神経質を伸ばす生き方」の内容を新たに書き改め、選書の形式にしたものである。現在、生きづらさをかかえ、不安とどのようにつき合い、どのように生活すればよいのかに悩まれている人々にとって有効な指針となるであろう。

ISBN978-4-7610-0948-9 四六判 164頁 定価1,980円(本体1,800円＋税)

こんな子どもに出会ったら

関戸英紀 著

特別な教育的ニーズのある子どもの日常よく見かける行動から〈幼児向け〉，〈対人関係〉，〈問題行動〉，〈学習〉，〈家庭生活〉の順に，支援の実際をとおして，行動に変容をもたらす理論に裏打ちされた，エビデンスに基づいた支援方法を紹介する実践的な入門書。

ISBN978-4-7610-0947-2 B5判 140頁 定価2,750円(本体2,500円＋税)

新ＡＬＳケアブック・第二版

日本ＡＬＳ協会 編

"新しいＡＬＳ観"そして今日のＡＬＳ患者の療養環境は，ＡＬＳ患者自身や関係者の生死を越えた戦いによって整えられてきたものである。この本は，ＡＬＳについて日本の叡智とも讃えられるべき執筆陣による，世界に誇れるＡＬＳの手引き書。

ISBN978-4-7610-0892-5 B5判 298頁 定価3,740円(本体3,400円＋税)

川 島 書 店

https://kawashima-pb.kazekusa.jp/　　　　定価は2023年6月現在